4
....

SCHNELL GEKOCHT
gesund & vegan

Das Zentrum der Gesundheit ist ein Internetportal, das sich seit 20 Jahren den Themen Gesundheit und Prävention aus ganzheitlicher Sicht widmet. In über 2500 Fachartikeln präsentieren wir Ihnen anhand aktueller Studienergebnisse die neuesten wissenschaftlichen Erkenntnisse aus den Bereichen Gesundheit, Ernährung und Naturheilkunde.

Sie erfahren bei uns alle erdenklichen Details zur Theorie und Praxis einer gesunden Ernährung, umfangreiche naturheilkundliche Konzepte für die unterschiedlichsten Erkrankungen, Ernährungspläne zur Optimierung Ihrer Vitalstoffversorgung sowie Anleitungen für Kuren zur Prävention und zur Stärkung des Immunsystems.

Lebensmittelporträts, aktuelle News aus der Wissenschaft sowie nahezu täglich neue Rezepte runden unser Angebot ab. Die gesunde vegane Ernährung liegt uns dabei ganz besonders am Herzen. Neben vielen hundert rein pflanzlichen Rezepten bieten wir Ihnen daher auch eine Vielzahl an Kochvideos, die zeigen, wie innovativ, kreativ und köstlich die vegane Küche sein kann.

Unsere Köche entwickeln Rezepte für jede Gelegenheit: Raffiniertes, Festliches, Exotisches, aber natürlich auch Alltagstaugliches, das schnell und ohne Vorkenntnisse nachgekocht werden kann und der ganzen Familie schmeckt. Besuchen Sie uns in unserem Gesundheitsportal www.zdg.de. Wir freuen uns auf Sie! Ihr Team vom Zentrum der Gesundheit

TIPP
Eine Vielzahl an veganen Rezepten finden Sie unter www.zdg.de/rezepte

Das Kochbuch

Liebe Leserinnen und Leser!

In diesem Kochbuch stellen wir Ihnen 54 der schnellsten Rezepte aus der veganen Küche vor. Ganz gleich ob Sie Lust auf Suppe, Salat, Pasta, Kartoffeln oder ein Curry haben, wir haben aus jeder Rubrik schnelle Rezepte für Sie entwickelt. Natürlich gibt es an mancher Stelle noch schnellere Rezepte. Dann aber leiden oft Geschmack und Qualität, weil zu viele Fertigprodukte verwendet werden.

Unsere Rezepte sind dagegen nicht nur in maximal 30 Minuten fertig zubereitet (in seltenen Fällen in 35 Minuten), sie sind gleichzeitig auch vollwertig, gesund und äusserst geschmackvoll. Wir verwenden dazu ausschliesslich hochwertige und möglichst naturbelassene Zutaten und setzen auf eine schonende und vitalstofffreundliche Zubereitung. Wir orientieren uns dabei an unseren folgenden Qualitätskriterien:

- **Vollwertige Lebensmittel**
  (z. B. Vollkornpasta, Naturreis)
- **Rein pflanzlich (vegan)**
- **Öle in Bioqualität, kalt gepresst und nativ**
- **Essig in Bioqualität ohne Zusätze**
- **Gewürze und Lebensmittel nach Möglichkeit in Bioqualität**
- **Wir kochen ohne Zucker!**
- **Natürliche und/oder gesündestmögliche Süssungsmittel (z. B. Yaconsirup, Xylitol)**
- **Fertigprodukte werden nur sparsam verwendet und wenn, dann in hoher Bio-Qualität (z. B. pflanzliche Sahne, Kokosmilch, Edelhefeflocken)**

Ein weiteres Plus unserer Rezepte ist, dass sie garantiert gelingen, vorausgesetzt Sie halten sich an die Zubereitungshinweise. Denn unser Team testet jedes einzelne Gericht mehrfach. Nach dem ersten Probeessen heisst es für unsere Köche, das Rezept den jeweiligen Feedbacks gemäss zu optimieren. Erneut wird probiert und nicht selten noch einmal verändert und angepasst. Erst wenn das Rezept von allen die bestmögliche Bewertung erhält, wird es erneut gekocht, fotografiert und findet seinen Weg in unsere Kochbücher.

Wenn Sie mögen, können Sie uns jederzeit Ihr Feedback zum vorliegenden Buch und den Rezepten senden. Wir freuen uns darüber! Nutzen Sie dazu am besten das Kontaktformular auf unserer Website **www.zdg.de**.

Wir wünschen Ihnen nun sehr viel Freude bei der Zubereitung unserer Köstlichkeiten und beim Geniessen mit der Familie, mit Freunden oder in aller Ruhe auch ganz allein. Guten Appetit!

PS: Wenn Sie gerne noch weitere Rezepte aus unserem Kochstudio ausprobieren und geniessen möchten, dann laden wir Sie herzlich dazu ein, unseren Kochkanal auf Youtube zu besuchen, wo unsere Köche für Sie gut gelaunt viele weitere Köstlichkeiten zaubern: **www.zdg.de/youtube**

Inhalt

6 Schnell gekocht ...
9 Für alle Fälle

SALATE

11 Tomatensalat mit Chicorée an leichter Vinaigrette
13 Feldsalat mit Champignons und Granatapfel
15 Bohnensalat an Tomatenvinaigrette
16 Wurzelgemüse-Salat mit Vinaigrette

PASTA

19 Tagliatelle mit pikanter Mandelsauce
21 Lauwarme Pasta mit Tomate und Avocado
22 Spaghetti in cremiger Brokkoli-Sauce
25 Nudelsalat mit Gemüse und Cashew-Mayonnaise
27 Rigatoni mit Paprika an Weissweinsauce
28 Penne mit Aubergine, Zucchini und Rotwein
30 Spaghetti aglio, olio e herbe
31 Fusilli in Gemüse-Tomaten-Sauce

GEMÜSE & PILZE

33 Paniertes Blumenkohlschnitzel
35 Gebratene Zucchini und Pilze mit Kräuter-Vinaigrette
36 Blumenkohl überbacken und Knuspertopping
39 Wurzelgemüse vom Blech mit Paprika-Zucchini-Dip
40 Grüne Bohnen mit Tomaten

41	Lauchgemüse mit Maronen
42	Gemüsepuffer
43	Zucchini-Spaghetti
44	*Rezept Titelbild* Sellerieschnitzel in zwei Varianten
46	Champignon-Ragout mit Salzkartoffeln

KARTOFFELN

49	Pellkartoffeln mit Avocado-Creme
50	Kartoffelpüree mit gebratenem Romanasalat und Räuchertofu-Sauce
53	Kartoffel-Süsskartoffel Pfanne mit Erbsen
55	Kartoffelrösti mit Lauch und Zwiebeln
57	Gulasch mit Kartoffeln und Paprika
58	Kartoffeln nach Bombay Art
60	Süsskartoffelsalat – mediterran
61	Kartoffeln mit Paprika an süss-saurer Sauce

GETREIDE & CO.

63	Couscous mit Oliven, Minze und Limette
65	Hirse mit fruchtigem Blaubeer-Dressing
67	Hirse mit Pilzen und Spinat
69	Schnelles Quinoa-Gericht mit Brokkoli
70	Gewürzreis mit Sultaninen
71	Bulgur mit Kartoffeln, Mais und Tomaten
72	Polenta mit Kräuterseitlingen und Cicorino rosso

CURRYS

75	Dal aus roten Linsen
77	Karotten-Thai-Curry
79	Curry-Quinoa mit Paprika
80	Gelbes Curry mit Pak Choi
82	Bananen-Curry mit Süsskartoffeln
85	Linsen mit Brokkoli – indisch

HÜLSENFRÜCHTE

87	Chili sin carne
89	Kidneybohnen-Eintopf mit Weisskohl
90	Rote Linsen mit Karotten und Oliven
91	Kichererbsen in Erdnuss-Tomatensauce

SUPPEN

93	Blumenkohlcremesuppe
94	Cremige Kürbissuppe
95	Erbsensuppe mit Kokos und Minze
96	Bohnensuppe mit Zucchini und getrockneten Tomaten
99	Kartoffelsuppe mit Crunch
101	Paprika-Senf-Suppe
102	Cremige Gemüsesuppe

SCHNELL GEKOCHT ...

... ist leichter gesagt als getan, besonders dann, wenn Sie kein Fertiggericht in die Mikrowelle schieben möchten, sondern vorhaben, ein vollwertiges und gesundes Gericht zu servieren. Denn frische Zutaten müssen nun einmal erst vorbereitet werden. Und so entpuppen sich selbst vermeintlich schnelle Rezepte bei näherem Hinsehen als regelrechte Zeiträuber. Bereits bei wenigen Zutaten kann es langwierig werden, wenn die Vorbereitung dieser Zutaten aufwändig ist, man z. B. vieles waschen, putzen, schälen und zerkleinern muss oder manches womöglich erst einige Stunden oder über Nacht eingeweicht oder mariniert werden muss. Auch lange Koch- und Backzeiten verhindern, dass es in der Küche schnell geht. Zuguterletzt sollten die Aufräumarbeiten nicht länger als das Kochen an sich dauern, was aber gerne der Fall ist, wenn verschiedene Gerätschaften und zahlreiche Schüsseln benötigt werden. Natürlich ist es in der schnellen Küche ausserdem kontraproduktiv, wenn man erst einmal die benötigten Zutaten einkaufen muss, obwohl man nur eine halbe Stunde Zeit hat.

Andererseits gehört zum schnellen Kochen schon auch eine gewisse Organisationsgabe, die sich jedoch genauso schnell erlernen lässt – und zwar schon dann, wenn Sie die folgenden Tipps in die Tat umsetzen:

- Legen Sie sich einen Vorrat an haltbaren Lebensmitteln an. Sie finden diese im Kasten auf Seite 9. Auf diese Weise sparen Sie wertvolle Minuten oder sogar Stunden, die Sie andernfalls mit Einkaufen verbringen müssten.

- Kümmern Sie sich um eine gute Auswahl in Ihrem Gewürzschrank. Wenn Sie die Gewürze von Seite 9, «Für alle Fälle», zu Hause haben, können Sie alle unsere Rezepte aus diesem Buch kochen. Allerdings macht es auch nichts, wenn Sie manches nicht haben. Zwar wird der Geschmack dann nicht so rund und wie von uns konzipiert, dennoch wird das Gericht lecker schmecken!

- Versorgen Sie sich mit hochwertigem Essig und Öl! Wählen Sie am besten Bioqualität. Achten Sie beim Essig (insbesondere beim Aceto Balsamico) darauf, dass er nicht geschwefelt ist und keinen Zucker enthält. Öle sollten kalt gepresst und nativ sein. Ein hochwertiges Olivenöl ist ideal für Rohkost, für's Dünsten und sanfte Braten. Zum scharf Anbraten eignet sich Erdnussöl sehr gut.

- Räumen Sie Ihre Küche mit System ein. Das bedeutet: Die häufig verwendeten Zutaten und Gewürze am besten in Greifnähe aufbewahren und nicht ganz hinten in Schränke oder Schubladen verstauen. Schneidebrett und Messer und der Lieblingstopf sind ebenfalls leicht erreichbar untergebracht. Denn wenn Sie immer erst suchen müssen, wo was nun steckt, dann dauert alles doppelt so lange.

- Wenn Sie ein neues Rezept planen, dann gehen Sie systematisch vor: Lesen Sie erst das Rezept genau durch, um sicherzugehen, dass Sie alles zu Hause haben (auch alle erforderlichen Küchengeräte) und keine Zutat erst eingeweicht werden muss oder gehen muss (bei Teig).

- Dann bereiten Sie Ihren Mise en Place vor – wie Profiköche sagen. Dass bedeutet, dass Sie Ihren Arbeitsplatz dem Rezept gemäss ausstatten, also alle Utensilien und Lebensmittel bereitstellen.

- Wenn Sie schnell Nudeln kochen möchten, aber nicht so lange warten wollen, bis der grosse Wassertopf kocht, dann kochen Sie nur einen Teil im Topf auf dem Herd und den anderen Teil im Wasserkocher. Auf diese Weise geht es schneller.

Wichtige Hinweise zu den Rezepten

1. Verwenden Sie möglichst Bio-Lebensmittel, vor allem dann, wenn deren Schale mitverwendet wird (z. B. Zitrusfrüchte).

2. Als Süssungsmittel verwenden wir gerne Yaconsirup. Stattdessen können Sie aber auch Ahornsirup oder Agavendicksaft verwenden.

3. Die angegebenen Zubereitungszeiten können je nach Herdtyp und auch je nach Kochgeschirr leicht variieren.

4. Natürlich waschen Sie Ihre Gemüse vor der Verarbeitung, was wir voraussetzen und daher nicht mehr in den Rezepten erwähnen.

5. In unserem Kochbuch findet die Schweizer Rechtschreibung Anwendung. Daher schreiben wir «ss» statt «ß».

6. Die Symbole bei den Nährwerten stehen für: glutenfrei, sojafrei, basisch

- Wenn Sie eine Beilage benötigen, die eine längere Kochzeit hat, z. B. Reis, dann starten Sie mit dieser Beilage, damit diese in Ruhe kochen kann, während Sie den Rest zubereiten. Am Schluss ist alles gleichzeitig fertig.

- Wenn Sie Zwiebeln oder etwas anderes anbraten möchten, dann können Sie schon während des Zwiebelschneidens die Pfanne auf dem Herd erhitzen. Warten Sie damit also nicht, bis sie mit dem Schneiden fertig sind, sonst stehen Sie eine Weile untätig am Herd, bis die Pfanne endlich heiss ist. Dennoch sollten Sie aufpassen, dass Sie sich nicht verschätzen und letztendlich länger zum Schneiden brauchen und die Pfanne bzw. das Öl darin zu heiss wird. Sollte das Öl zu rauchen beginnen, dann wäre das schade, da sie es nicht mehr verwenden sollten. Doch Vorsicht, giessen Sie jetzt kein Wasser ins heisse Öl. Es würde spritzen und Sie könnten sich verbrennen. Lassen Sie das Öl wenige Minuten abkühlen, nehmen Sie es dann mit einem Küchenpapier aus der Pfanne und werfen Sie es weg. Starten Sie dann erneut.

- Wenn Sie eine Küchenmaschine kaufen möchten, dann wählen Sie ein Gerät, das mehrere Arbeiten übernehmen kann (reiben, schneiden, hacken, pürieren), damit Sie nicht viele verschiedene Geräte benötigen und anschliessend entsprechend viel saubermachen müssen. Auch nehmen viele Geräte viel Platz weg und machen den Arbeitsplatz schnell unübersichtlich. Bei Platzmangel aber kann man nicht gut arbeiten und alles dauert länger als geplant.

- Achten Sie auf hochwertige Küchenutensilien, z. B. auf scharfe Messer. Damit können Sie schneller und feiner schneiden und die Verletzungsgefahr ist geringer. Denn mit einer stumpfen Klinge rutscht man schneller ab.

- In kleinen Lücken (Wartezeiten) können Sie schon einmal damit beginnen, die Küche aufzuräumen. Gerne tendiert man dazu, dem Essen zuzuschauen, wenn es z. B. angebraten wird. Das Essen kann jedoch gut alleine braten. Vergessen sollten Sie es aber auch nicht gerade.

- Hilfreich sind Timer (ob im Herd integriert oder als einzelne Geräte). Auf diese Weise müssen Sie nicht immer wieder schauen, ob die Nudeln nun gar sind, sondern können die Kochzeit konzentriert für andere Aufgaben nutzen, ohne abgelenkt zu sein.

- Immer dann, wenn Sie im Tagesverlauf ein paar Minuten Zeit haben, kochen Sie vor! Denn Reis, Couscous, Polenta, Hirse etc. sind schnell aufgesetzt. Ein Timer im Herd sorgt dafür, dass Sie nicht einmal mehr die Küche zum Ausschalten aufsuchen müssen. Und am nächsten Tag haben Sie bereits eine Beilage, die nur noch aufgewärmt oder mit dem frisch gekochten Gemüse vermischt werden muss.

Für alle Fälle

ESSIG UND ÖL

- Reisessig
- Aceto Balsamico
- Balsamico bianco
- Apfelessig (optimal ist eine naturtrübe Variante)
- Olivenöl nativ extra
- Erdnussöl zum Braten

IHR VORRATSSCHRANK

- Vollkornnudeln (Penne, Spirelli, Spaghetti etc.)
- Naturreis
- Wildreis-Mix
- Vollkorn-Couscous
- Hirse
- Quinoa
- Polenta
- Haferflocken
- Hülsenfrüchte trocken (z. B. rote Linsen)
- Hülsenfrüchte im Glas (z. B. Kidneybohnen, weisse Bohnen, Kichererbsen)
- Kokosmilch
- Kartoffelstärke
- Bio-Maisstärke
- Kichererbsenmehl
- Dinkelmehl (Vollkorn und hell)
- Dinkel-Paniermehl
- passierte Tomaten (Glas)
- geschälte Tomaten (Glas)
- Tomatenmark
- Getrocknete, eingelegte Tomaten
- Kapern
- Sonnenblumenkerne oder Kürbiskerne
- Pekannüsse und Walnüsse
- Sesam (schwarz und/oder weiss)
- Pinienkerne und Cashewkerne
- Mandeln, geschält
- Soja- oder Mandelsahne (im Tetrapack)
- Erdnuss- und Mandelmus (100 % Mandeln weiss oder braun)
- Hafer- oder Sojamilch
- Senf
- Tiefkühlmaronen
- Tiefkühlerbsen

IHR GEWÜRZSCHRANK

- Pfeffer aus der Mühle
- Meer-, Stein- oder Kristallsalz
- Tamari (Sojasauce)
- Yaconsirup und Xylitol
- Noriblätter, die Sie selbst im Mixer mahlen und in ein verschliessbares Glas abfüllen
- Edelhefeflocken
- Gemüsebrühe (Pulver)
- Currypulver
- Chilipulver, Chiliflocken oder Cayennepfeffer
- Garam Masala
- Knoblauchpulver
- Korianderpulver
- Kreuzkümmelpulver
- Kurkumapulver
- Muskatnusspulver
- Nelkenpulver
- Oregano, Thymian, Majoran gerebelt
- Paprikapulver edelsüss
- Paprikapulver geräuchert
- Räuchersalz
- Zimtpulver
- Kaffir-Limettenblätter
- Lorbeerblätter
- Vanillepulver

FRISCHE ZUTATEN

- Ingwer
- Knoblauch
- Zwiebeln
- Zitronen
- Margarine
- Frische Kräuter

Salate

Frisch, gesund und schnell gemacht

Salate sind eine wunderbar gesunde Mahlzeit. Sie sind frisch, knackig, vitalstoffreich und – was besonders wichtig ist – schnell gemacht. Entscheidend ist das Dressing! Denn je besser es schmeckt, umso lieber wird der Salat gegessen. Kombinieren Sie Blatt-, Wurzel- und Fruchtgemüse und ergänzen Sie diese mit knusprigen Kürbiskernen, Nüssen, Hülsenfrüchten, Granatapfelkernen oder auch mit gebratenen Pilzen. Im Nu wird so aus einem Salat eine sättigende und dennoch leichte Hauptmahlzeit. Und wenn Sie das Dressing gleich für ein paar Tage zubereiten, dann sparen Sie noch mehr Zeit.

Tomatensalat mit Chicorée an leichter Vinaigrette

20 min.

Zutaten für 2 Portionen

300 g	Tomaten – den Strunk entfernen und in 5-mm-Scheiben schneiden
120 g	Chicorée – fein schneiden
15 g	Sonnenblumenkerne – fettfrei rösten
3 EL	Balsamico bianco
1 EL	Yaconsirup
4 EL	Olivenöl, kaltgepresst
	Kristallsalz und Pfeffer aus der Mühle
1 EL	fein geschnittenes Basilikum
40 g	rote Zwiebeln – in feine Ringe schneiden

Zubereitung

1. Die Zutaten vorbereiten.
2. Die **Chicoréestreifen** auf einer Platte verteilen und die **Tomatenscheiben** darauf anrichten.
3. Für die Vinaigrette **3 EL Balsamico**, **1 EL Yaconsirup** und **4 EL Olivenöl** in einer Schüssel verrühren, mit **Salz** und **Pfeffer** abschmecken.
4. Die Vinaigrette über den Salat geben, mit den **Zwiebelringen** belegen, mit **gerösteten Sonnenblumenkernen** und dem **geschnittenen Basilikum** bestreut servieren.

Pro Portion ca. 396 kcal, 21 g KH, 5 g Eiweiss, 32 g Fett, 2 Broteinheiten

Feldsalat mit Champignons und Granatapfel

Zutaten für 2 Portionen

- 130 g Feldsalat - waschen und trockenschleudern
  Olivenöl, hitzebeständig
- 120 g Champignons, braun - vierteln
  Kristallsalz und Pfeffer aus der Mühle
- 1 EL Dinkel-Paniermehl
- 1 Granatapfel - halbieren, die Kerne ausklopfen und in eine kleine Schale geben
- 2 EL Pinienkerne - fettfrei rösten

Für das Dressing

- 2 EL Balsamico bianco
- 1 EL Yaconsirup
- 3 EL Olivenöl, kaltgepresst
- 1 EL fein gehackte Kräuter (nach Wahl)

Zubereitung

1. Die Zutaten vorbereiten.
2. Den **Feldsalat** in eine Salatschüssel geben und kurz kühlstellen.
3. Eine Pfanne mit etwas **Olivenöl** auf mittlere Temperatur erhitzen und die **halbierten Champignons** 3-5 Min. braten; dabei mit **Salz** und **Pfeffer** würzen. Danach **1 EL Paniermehl** dazugeben und 1 Min. mitbraten. Dann auf einem Teller zur Seite stellen.
4. In der Zwischenzeit für das Dressing **alle Zutaten** in einer kleinen Schüssel verrühren; mit **Salz** und **Pfeffer** abschmecken.
5. Den Feldsalat aus dem Kühlschrank nehmen. Mit den **Granatapfelkernen** und den **gerösteten Pinienkernen** bestreuen, das Dressing darübergeben, gut vermengen und abschmecken.
6. Schliesslich den Feldsalat zusammen mit den Pilzen anrichten und geniessen.

Pro Portion ca. 410 kcal, 24 g KH,
8 g Eiweiss, 30 g Fett, 2 Broteinheiten

Bohnensalat an Tomatenvinaigrette

Zutaten für 2 Portionen

100 g	Kidneybohnen, aus dem Glas (netto) - über einem Sieb spülen und abtropfen lassen
100 g	weisse Bohnen, aus dem Glas (netto) - über einem Sieb spülen und abtropfen lassen
100 g	grüne Bohnen - die Enden abschneiden und halbieren
30 g	getrocknete, eingelegte Tomaten - in feine Streifen schneiden
80 g	rote Zwiebeln - in feine Ringe schneiden
120 g	Chicorée - fein schneiden
1 EL	gezupfter Koriander

Für die Vinaigrette

100 g	passierte Tomaten, aus dem Glas
2 EL	Balsamico bianco
3 EL	Olivenöl, kaltgepresst
1	Knoblauchzehe - grob hacken
5 g	Ingwerwurzel - grob hacken
1 TL	Yaconsirup
	Kristallsalz und Pfeffer aus der Mühle

Zubereitung

1. Die Zutaten vorbereiten.

2. Einen kleinen Topf mit Wasser aufkochen, **salzen** und die **grünen Bohnen** darin 5-7 Min. blanchieren. Dann über einem Sieb abgiessen, kalt abschrecken und abtropfen lassen. Anschliessend zusammen mit den **abgetropften Kidney-** und den **weissen Bohnen** in eine Salatschüssel geben. Die **Tomatenstreifen**, die **Zwiebelringe** und die **Chicoréestreifen** dazugeben.

3. Für das Dressing **100 g passierte Tomaten** mit **2 EL Balsamico**, **3 EL Olivenöl**, dem **gehackten Knoblauch** und **Ingwer** sowie **1 TL Yaconsirup** in einem Mixer 1 Min. kräftig pürieren; mit **Salz** und **Pfeffer** abschmecken.

4. Die Vinaigrette über dem Schüsselinhalt verteilen, gut vermengen und mit **Koriander** garniert servieren.

Pro Portion ca. 452 kcal, 46 g KH, 12 g Eiweiss, 22 g Fett, 4 Broteinheiten

Wurzelgemüse-Salat mit Vinaigrette

Zutaten für 2 Portionen

- 120 g Pastinaken - schälen und fein hobeln
- 100 g Karotten, orange - schälen und fein hobeln
- 100 g Karotten, gelb - schälen und fein hobeln
- 150 g Knollensellerie - schälen und fein hobeln
- 200 g Rote Bete, gekocht - schälen und fein hobeln
- 2 EL   grob geschnittenes Basilikum
- 1 EL   fein gehackte Petersilie
- 3 EL   Pekanüsse - grob hacken und fettfrei rösten

Für die Vinaigrette

- 2 EL   Balsamico bianco
- 1 EL   Yaconsirup
- 3 EL   Olivenöl, kaltgepresst
- Kristallsalz und Pfeffer aus der Mühle

Zubereitung

1. Die Zutaten vorbereiten.

2. Das **gehobelte Gemüse - ausser die Rote Bete** - in eine Salatschüssel geben.

3. In der Zwischenzeit für das Dressing **alle Zutaten** in einer kleinen Schüssel verrühren, mit **Salz** und **Pfeffer** würzen und über das Gemüse geben. Die **Rote Bete**, **2 EL Basilikum** und **1 EL Petersilie** hinzufügen, vermengen und mit **Salz** und **Pfeffer** abschmecken.

4. Den Salat mit den **gerösteten Pekannüssen** bestreut servieren und geniessen.

Pro Portion ca. 495 kcal, 39 g KH, 6 g Eiweiss, 32 g Fett, 3 Broteinheiten

Pasta

Je schneller, desto besser

Nudeln sind perfekt für die schnelle Küche! Sie sind fix gekocht und mit jedem Gemüse und jeder Sauce kombinierbar. Verwenden Sie Vollkornnudeln für ein Extra an Ballaststoffen, Vitaminen und Mineralstoffen und kochen Sie mit Timer, damit Ihre Pasta schön al dente bleibt. Und wenn Sie die doppelte Portion Nudeln kochen, dann sparen Sie am nächsten Tag Zeit und können einen Nudelsalat servieren oder die Nudeln aufwärmen und nur noch das Gemüse frisch zubereiten.

Tagliatelle mit pikanter Mandelsauce

15 min.

Zutaten für 2 Portionen

- 150 g Dinkel-Tagliatelle
- 50 g Mandeln, geschält
- 20 schwarze Oliven, entsteint – davon 5 halbieren
- 5 Kapernäpfel – die Stiele entfernen
- 1 EL Yaconsirup
- 1 rote Chilischote – entkernen, in feine Ringe schneiden und davon etwas beiseitelegen
- Kristallsalz und Pfeffer aus der Mühle
- 150 ml Mandelsahne
- 1 TL gezupfter Thymian

Pro Portion ca. 499 kcal, 58 g KH, 15 g Eiweiss, 21 g Fett, 5 Broteinheiten

Zubereitung

1. Die Zutaten vorbereiten; einen Topf mit Wasser aufkochen und **salzen**.

2. Die Tagliatelle al dente kochen, danach über einem Sieb abgiessen und abtropfen lassen.

3. Parallel dazu alle anderen **Zutaten – von Mandeln bis Chili** – in einem Cutter fein zerkleinern. Dann etwas **Olivenöl** dazugeben, gut vermengen und mit **Salz** und **Pfeffer** abschmecken.

4. Eine Pfanne erhitzen und den Cutterinhalt darin 2 Min. anbraten. Dann die abgetropften Tagliatelle in die Pfanne geben, **150 ml Mandelsahne** und **1 TL Thymian** einrühren. Einmal aufkochen, gut vermengen, mit **Salz** und **Pfeffer** abschmecken.

5. Die Tagliatelle mit Oliven-Chilipesto anrichten, die **halbierten Oliven** und **Chiliringe** darübergeben und nach Wunsch mit veganem Parmesan (siehe S. 30) bestreut servieren.

Lauwarme Pasta mit Tomate und Avocado

Zutaten für 2 Portionen

- 200 g Quinoa-Conchiglie (Muschelpasta)
- Olivenöl, hitzebeständig
- 100 g Frühlingszwiebeln – den weissen und grünen Teil separat in feine Ringe schneiden
- 30 g getrocknete, eingelegte Tomaten – fein hacken
- 1 rote Chilischote – entkernen und in feine Ringe schneiden
- 150 ml Wasser
- 1 EL Edelhefeflocken
- Kristallsalz und Pfeffer aus der Mühle
- 150 g Cherrytomaten – halbieren
- 1 reife Avocado – erst vor Gebrauch aus der Schale lösen und in 1-cm-Würfel schneiden
- 2 EL grob geschnittenes Basilikum

Zubereitung

1. Die Zutaten vorbereiten; einen Topf mit Wasser aufkochen und salzen.

2. Die **Conchiglie** al dente kochen; über einem Sieb abgiessen und abtropfen lassen.

3. Währenddessen eine Pfanne mit **Olivenöl** erhitzen und die weissen **Frühlingszwiebelringe** 2 Min. dünsten. Dann die **getrockneten Tomaten** und die **Chiliringe** 1 Min. mitdünsten. Mit **150 ml Wasser** ablöschen, aufkochen und mit **1 EL Hefeflocken**, **Salz** und **Pfeffer** würzen.

4. Die abgetropften Conchiglie dazugeben und die Pfanne vom Herd nehmen. Dann die **halbierten Tomaten**, die **grünen Frühlingszwiebelringe** sowie die **Avocadowürfel** vorsichtig unterheben und mit **Salz** und **Pfeffer** abschmecken.

5. Die Pasta anrichten, das **geschnittene Basilikum** unterheben und lauwarm servieren.

Pro Portion ca. 663 kcal, 89 g KH,
17 g Eiweiss, 23 g Fett, 7 Broteinheiten

Spaghetti in cremiger Brokkoli-Sauce

Zutaten für 4 Portionen

	Olivenöl, hitzebeständig
500 g	Brokkoli – in kleine Röschen schneiden; den Strunk schälen und würfeln
3	Knoblauchzehen – schälen und hacken
¾ TL	Chiliflocken
200 ml	Mandelmilch
	Kristallsalz und Pfeffer aus der Mühle
400 g	Vollkorn-Spaghetti
2 EL	Mandelmus, weiss
1 EL	Edelhefeflocken
150 g	Frischkäse, vegan

Pro Portion ca. 467 kcal, 75 g KH, 21 g Eiweiss, 7 g Fett, 6 Broteinheiten

Zubereitung

1. Die Zutaten vorbereiten; einen Topf mit Wasser aufkochen und **salzen**.

2. Dann eine grosse Pfanne mit **Olivenöl** erhitzen und den **Brokkolistrunk** 3 Min. anbraten. Danach etwa **300 g Brokkoliröschen**, den **gehackten Knoblauch** und **¾ TL Chiliflocken** dazugeben und 2 Min. mitbraten. Mit **200 ml Mandelmilch** ablöschen, salzen, pfeffern und einmal aufkochen. Dann die Hitze reduzieren und 5 Min. köcheln lassen.

3. Die **Spaghetti** ins kochende Wasser geben und al dente kochen. 5 Min. vor Garende die restlichen **Brokkoliröschen** dazugeben und mitkochen. Dann beides über einem Sieb abgiessen und abtropfen lassen.

4. **2 EL Mandelmus** und **1 EL Edelhefeflocken** zur Sauce geben, in einen Standmixer füllen und fein pürieren. Die Sauce zurück in die Pfanne giessen und leicht köcheln lassen, bis die Spaghetti und der Brokkoli gar sind.

5. Schliesslich die **abgetropften Spaghetti** und die **Brokkoliröschen** in die Pfanne geben, **150 g Frischkäse** unterheben, alles gut vermengen und mit **Salz** und **Pfeffer** abschmecken.

6. Die Spaghetti in Brokkoli-Sauce anrichten und servieren.

Tipp: Dazu passt unser Parmesan-Ersatz von Seite 30 hervorragend dazu.

Nudelsalat mit Gemüse und Cashew-Mayonnaise

Zutaten für 2 Portionen

Für den Nudelsalat

- 200 g Blumenkohl – in kleine Röschen schneiden
- 150 g grüne Bohnen – die Enden abschneiden; die Bohnen halbieren
- 100 g Vollkorn-Fusilli
- 160 g Tomaten – vierteln, Strunk entfernen und fein hacken
- 2 Essiggurken – fein hacken
- 1 TL Kapern – fein hacken
- 3 EL Zitronensaft, frisch gepresst
- ½ TL Kala Namak (Schwefelsalz)
- ½ TL Kurkumapulver
- 10 g Petersilie – fein hacken
- Kristallsalz und Pfeffer aus der Mühle
- 2 EL Cashewkerne – grob hacken und fettfrei rösten

Für die Mayonnaise

- 150 ml Sojamilch
- 80 g Cashewkerne
- 3 EL Olivenöl, kaltgepresst
- 2 TL Senf, mild

Pro Portion ca. 709 kcal, 58 g KH, 19 g Eiweiss, 42 g Fett, 5 Broteinheiten

Zubereitung

1. Die Zutaten vorbereiten.
2. Einen Topf mit Wasser aufkochen, **salzen** und die **Blumenkohlröschen** 3 Min. blanchieren. Mit einer Schaumkelle aus dem Wasser nehmen, über einem Sieb kalt abschrecken und abtropfen lassen; dann in eine Salatschüssel geben.
3. Das Wasser weiterkochen lassen und die **Bohnen** darin 8 Min. blanchieren. Mit einer Schaumkelle aus dem Wasser nehmen, über einem Sieb kalt abschrecken und abtropfen lassen; zum Blumenkohl in die Schüssel geben.
4. Dann die **Pasta** im selben Kochwasser al dente garen; abgiessen, abschrecken, abtropfen lassen und ebenfalls in die Schüssel geben.
5. Die **gehackten Tomaten**, **Essiggurken** und **Kapern** dazugeben, mit **3 EL Zitronensaft**, ½ TL Kala Namak, ½ TL Kurkumapulver sowie mit **Salz** und **Pfeffer** würzen und die **gehackte Petersilie** unterheben.
6. Für die Mayonnaise einen kleinen Topf mit **150 ml Sojamilch** und **80 g Cashewkernen** einmal aufkochen, die Hitze reduzieren und 5 Min. köcheln lassen. Dann in einen Hochleistungsmixer füllen, **3 EL Olivenöl**, **2 TL Senf** und etwas **Salz** dazugeben und 2 Min. cremig mixen.
7. Die Mayonnaise über den Schüsselinhalt geben, gut vermengen und abschmecken. Mit den **gerösteten Cashewkernen** bestreut servieren.

Tipp: Vor dem Verzehr ca. 30 Min. ziehen lassen.

Rigatoni mit Paprika an Weissweinsauce

Zutaten für 2 Portionen

180 g	Bio-Mais-Rigatoni
	Olivenöl, hitzebeständig
30 g	Schalotten – fein würfeln
1	Knoblauchzehe – fein hacken
1 EL	Tomatenmark
200 ml	Weisswein, vegan
	(z. B. Sauvignon blanc)
1	Lorbeerblatt
200 ml	Hafersahne
200 g	rote Paprika – entkernen und in 3-mm-Streifen schneiden
1 EL	Tamari (Sojasauce)
	Kristallsalz und Pfeffer aus der Mühle
1 TL	Kartoffelstärke – mit 1 EL Wasser verrühren
2 EL	fein geschnittenes Basilikum

Pro Portion ca. 526 kcal, 95 g KH, 14 g Eiweiss, 8 g Fett, 8 Broteinheiten

Zubereitung

1. Die Zutaten vorbereiten, einen Topf mit Wasser aufkochen und **salzen**.

2. Für die Sauce etwas **Olivenöl** in einer grossen Pfanne auf mittlere Stufe erhitzen und die **gewürfelten Schalotten** mit dem **gehackten Knoblauch** 1 Min. braten. Dann **1 EL Tomatenmark** einrühren und 1 Min. mitbraten. Mit **200 ml Weisswein** ablöschen, einmal aufkochen und ca. 10 Min. bis zur Hälfte einreduzieren lassen.

3. Währenddessen die **Rigatoni** al dente kochen; über einem Sieb abgiessen und abtropfen lassen.

4. Das **Lorbeerblatt** in die Sauce geben, **200 ml Hafersahne** sowie **1 EL Tamari** einrühren; **1 EL geschnittenes Basilikum** unterheben und mit **Salz** und **Pfeffer** würzig abschmecken. Die **Paprikastreifen** dazugeben, die **angerührte Stärke** einrühren und einmal aufkochen lassen. Dann das Lorbeerblatt entfernen, die abgetropften Rigatoni in die Sauce geben und vorsichtig vermengen.

5. Die Rigatoni anrichten, mit **1 EL geschnittenem Basilikum** garniert servieren. Nach Wunsch mit veganem Parmesan (siehe S. 30) bestreuen.

Penne mit Aubergine, Zucchini und Rotwein

Zutaten für 2 Portionen

- 200 g Aubergine – schälen und in 1-cm-Würfel schneiden
- 150 g Quinoa-Penne
- Olivenöl, hitzebeständig
- 200 g Zucchini – vierteln und in 5-mm-Scheiben schneiden
- 80 g rote Zwiebeln – in dünne Scheiben schneiden
- 1 Knoblauchzehe – in dünne Scheiben schneiden
- 2 EL fein gehackter Thymian
- 100 ml Rotwein, vegan + alkoholfrei (alternativ roter Traubensaft und 1 EL Aceto Balsamico)
- Kristallsalz und Pfeffer aus der Mühle

Pro Portion ca. 415 kcal, 63 g KH, 13 g Eiweiss, 6 g Fett, 5 Broteinheiten

Zubereitung

1. Die **Aubergine** vorbereiten, in ein Haarsieb geben, **salzen** und ca. 10 Min. ziehen lassen. In der Zwischenzeit die anderen Zutaten vorbereiten; einen grossen Topf mit reichlich Wasser aufkochen und **salzen**.

2. Die **Penne** al dente kochen; über einem Sieb abgiessen und abtropfen lassen.

3. Währenddessen eine Pfanne mit etwas **Olivenöl** erhitzen; die **Auberginenwürfel** mit der Hand vorsichtig über dem Sieb ausdrücken. Dann in die Pfanne geben und 5 Min. braten. Die **Zucchini** zusammen mit den **Zwiebelscheiben** 4 Min. mitbraten. Dann die **Knoblauchscheiben** 1 Min. mitbraten, mit **gehacktem Thymian** bestreuen, vermengen und ebenfalls kurz mitbraten. Mit **100 ml Rotwein** ablöschen und einmal aufkochen lassen. Dann den Herd auf niedrigste Stufe stellen und mit **Salz** und **Pfeffer** abschmecken.

4. Die abgetropften Penne auf zwei Teller geben, das Gemüse darauf verteilen und servieren.

Spaghetti aglio, olio e herbe

Zutaten für 2 Portionen

Für die Spaghetti

- 200 g Vollkorn-Spaghetti
- Olivenöl, hitzebeständig
- 2 Knoblauchzehen – in Scheiben schneiden
- 1 TL Yaconsirup
- 1 TL gehackter Thymian
- 3 EL gehackter Oregano
- 2 EL gehackter Majoran
- 3 EL Olivenöl, kaltgepresst
- Kristallsalz und rosa Pfeffer aus der Mühle

Für den Parmesan-Ersatz

- 1 EL Pinienkerne
- 1 EL Haferflocken, fein
- 1 EL Edelhefeflocken
- ½ TL Kristallsalz

Zubereitung

1. Einen Topf mit Wasser aufkochen, **salzen** und die **Spaghetti** al dente kochen. Dann über einem Sieb abgiessen – dabei 80 ml vom Kochwasser auffangen – und abtropfen lassen.

2. In der Zwischenzeit die Zutaten vorbereiten. Dann für den Parmesan-Ersatz **alle Zutaten** in einem Standmixer fein mixen.

3. Sobald die Spaghetti abgegossen sind, den Topf mit **Olivenöl** mittelhoch erhitzen und die **Knoblauchscheiben** ca. 2 Min. andünsten. Dann mit **80 ml Kochwasser** ablöschen, die **abgetropften Spaghetti**, **1 TL Yaconsirup** sowie **alle gehackten Kräuter** dazugeben und vermengen. Mit **3 EL Olivenöl** beträufeln und mit **Salz** und **Pfeffer** abschmecken.

4. Die Spaghetti aglio, olio e herbe auf zwei Tellern anrichten und mit dem Parmesan-Ersatz bestreut servieren.

Pro Portion ca. 623 kcal, 72 g KH,
15 g Eiweiss, 30 g Fett, 6 Broteinheiten

Fusilli in Gemüse-Tomaten-Sauce

Zutaten für 2 Portionen

	Olivenöl, hitzebeständig
100 g	Karotten – schälen und fein würfeln
100 g	Zucchini – fein würfeln
50 g	Zwiebeln – fein würfeln
1	Knoblauchzehen – fein hacken
100 ml	Gemüsebrühe
50 g	geschälte Tomaten, aus dem Glas
5	schwarze Oliven, entsteint – in Ringe schneiden
20 g	getrocknete, eingelegte Tomaten – fein hacken
1 TL	Oregano, getrocknet
1 EL	Yaconsirup
	Kristallsalz und Pfeffer aus der Mühle
200 g	Vollkorn-Fusilli
2 EL	gehackte Petersilie

Zubereitung

1. Die Zutaten vorbereiten.

2. Einen Topf mit etwas Olivenöl erhitzen und die **Karotten-, Zucchini-** und **Zwiebelwürfel** 5 Min. braten. Den **gehackten Knoblauch** 1 Min. mitbraten und mit **100 ml Gemüsebrühe** ablöschen. **50 g geschälte Tomaten** einrühren, die **Olivenringe**, die **gehackten Tomaten**, **1 TL Oregano**, **1 EL Yaconsirup** sowie **Salz** und **Pfeffer** dazugeben und 20 Min. köcheln lassen.

3. In der Zwischenzeit einen Topf mit Wasser aufkochen, **salzen** und die **Fusilli** al dente garen; über einem Sieb abgiessen und abtropfen lassen. Dann zur Sauce in den Topf geben, gut vermengen und ggf. nochmals kurz erwärmen.

4. Die Fusilli in Gemüse-Tomaten-Sauce anrichten und **2 EL Petersilie** bestreut servieren.

Pro Portion ca. 481 kcal, 85 g KH,
15 g Eiweiss, 7 g Fett, 7 Broteinheiten

Gemüse & Pilze

Auf die Schnelle viele Vitamine

Gemüse und Pilze sind die Basis der gesunden veganen Küche – und dazu noch schnell zubereitet. Kombiniert mit den richtigen Gewürzen und Kräutern und einer feinen Sauce steht ruckzuck ein köstliches Essen auf dem Tisch. Servieren Sie dazu ein Vollkornbrot, Nudeln oder Reis vom Vortag oder braten Sie ein Stück Räuchertofu – und Ihr Menü ist komplett.

Statt echter Pasta können es auch die leichten und kohlenhydratarmen Gemüsenudeln sein, etwa aus Zucchini oder Möhren. Dazu benötigen Sie lediglich einen Spiralschneider, den es für wenig Geld im Handel gibt. Der Vorteil: Die low carb Nudeln sind vitaminreich, kalorienarm und gleichzeitig äusserst zeitsparend, da man sie nicht einmal kochen muss.

Paniertes Blumenkohlschnitzel

Zutaten für 2 Portionen

- 400 g Blumenkohl - in 1 cm dicke Scheiben schneiden; die Abschnitte fein hacken und beiseitelegen
- 40 g Dinkelmehl, hell
- 80 ml Wasser
- ½ TL Backpulver
- ⅓ TL Paprikapulver
- Kristallsalz und Pfeffer aus der Mühle
- 5 EL Dinkel-Paniermehl
- Olivenöl, hitzebeständig

Tipp: Dazu passen z. B. eine Remoulade und ein knackiger Blattsalat.

Zubereitung

1. Für die Blumenkohlschnitzel **40 g Mehl**, **80 ml Wasser**, **½ TL Backpulver**, **⅓ TL Paprikapulver** in einer Schüssel zu einem glatten Teig rühren; mit **Salz** und **Pfeffer** abschmecken. Dann **5 EL Paniermehl** auf einen Teller geben, die Schnitzel durch den Teig ziehen und im Paniermehl wenden. Auf einem Teller kurz beiseitestellen.

2. Eine Pfanne mit **Olivenöl** mittelhoch erhitzen und die panierten Schnitzel von beiden Seiten ca. 4-5 Min. goldbraun braten.

3. Danach die **Abschnitte** in die Pfanne geben, ca. 3 Min. braten und mit **Salz** und **Pfeffer** würzen.

4. Die Blumenkohlschnitzel direkt servieren und geniessen.

Pro Portion ca. 249 kcal, 36 g KH, 10 g Eiweiss, 6 g Fett, 3 Broteinheiten

Gebratene Zucchini und Pilze mit Kräuter-Vinaigrette

Zutaten für 2 Portionen

Für die Kräuter-Vinaigrette
- 4 EL Olivenöl, kaltgepresst
- 3 EL Wasser
- 2 EL Zitronensaft, frisch gepresst
- 1 TL Yaconsirup
- 2 EL gezupfte Petersilie
- 3 EL gezupftes Basilikum
- Kristallsalz und Pfeffer aus der Mühle

Für die Zucchini und die Pilze
- Olivenöl, hitzebeständig
- 80 g Zwiebel – fein würfeln
- 2 kleine Knoblauchzehen – fein hacken
- 1 Zucchini (ca. 250 g) – die Enden abschneiden; mit einem Sparschäler in lange, dünne Streifen schneiden
- 200 g gemischte Pilze – ggf. halbieren
- 1 TL Tamari (Sojasauce)
- 1 Bio-Zitrone – davon ¼ TL Abrieb
- 4 EL getrocknete, eingelegte Tomaten – fein hacken
- 2 EL Pinienkerne – fettfrei rösten

Zubereitung

1. Die Zutaten vorbereiten.

2. Für die **Vinaigrette** alle Zutaten in ein hohes Gefäss geben und mit einem Stabmixer fein pürieren. Mit Salz und Pfeffer abschmecken und kurz beiseitestellen.

3. Eine Pfanne mit **Olivenöl** erhitzen und die **gewürfelten Zwiebeln** zusammen mit der Hälfte des **gehackten Knoblauchs** leicht anbraten. Dann die **Zucchinistreifen** dazugeben, 2-3 Min. mitbraten, **salzen**, **pfeffern** und auf einer Platte anrichten.

4. Die Pfanne erneut mit **Olivenöl** erhitzen und die **Pilze** 2 Min. anbraten. Dann den restlichen **Knoblauch** dazugeben, gut vermengen und 2 Min. mitbraten.

5. Dann mit **1 TL Tamari** beträufeln, ¼ **TL Zitronenabrieb** unterheben; **salzen**, **pfeffern** und vermengen. Die **gehackten Tomaten** unterheben und zu den Zucchini auf die Platte geben.

6. Die **Kräuter-Vinaigrette** über die Zucchini und Pilze träufeln; mit **Pinienkerne** bestreut servieren und geniessen.

Pro Portion ca. 453 kcal, 13 g KH,
10 g Eiweiss, 38 g Fett, 1 Broteinheit

Blumenkohl überbacken und Knuspertopping

25 min.

Zutaten für 2 Portionen

Für den Blumenkohl und die Béchamelsauce

- 1 Gratinform (26 x 16 cm)
- 550 g Blumenkohl – in kleine Röschen schneiden; das Blattgrün fein schneiden und zur Seite legen
- Olivenöl, hitzebeständig
- Kristallsalz und Pfeffer aus der Mühle
- 50 g Margarine, vegan + hitzebeständig
- 50 g Dinkelmehl, hell
- 500 ml Sojamilch
- 2 EL Edelhefeflocken
- 2 Prisen Muskatnusspulver

Für das Knuspertopping

- 15 g Bio-Cornflakes – grob zerbröseln
- 1 EL fein gehackte Petersilie
- 1 Knoblauchzehe – fein hacken
- 1 TL Olivenöl, kaltgepresst
- 1 TL Reisessig
- 1 Prise Cayennepfeffer

Zubereitung

1. Die Zutaten vorbereiten; den Backofen auf 200 °C Gratinier Funktion vorheizen.

2. Für den Blumenkohl eine grosse Pfanne mit **Olivenöl** auf mittlere Stufe erhitzen und die **Blumenkohlröschen** rundherum ca. 10 Min. braten; dabei mit etwas **Salz** und **Pfeffer** würzen und dann in die Gratinform geben.

3. Parallel dazu für die Béchamelsauce **50 g Margarine** in einem Topf langsam zerlassen, dann **50 g Mehl** im Sturz dazugeben und so lange Rühren, bis sich beides miteinander verbunden hat. **500 ml Sojamilch** dazugeben und unter Rühren ca. 5 Min. kochen lassen.

4. Durch ein feinmaschiges Sieb in einen frischen Topf passieren, mit **2 EL Hefeflocken**, **2 Prisen Muskat** sowie **Salz** und **Pfeffer** abschmecken. Die Sauce gleichmässig über den Blumenkohl verteilen und ca. 5 Min. im Ofen überbacken.

5. In der Zwischenzeit für das Knuspertopping die **zerbröselten Cornflakes** mit der **gehackten Petersilie** und dem **gehackten Knoblauch** in einer kleinen Schüssel vermischen. Das **Blattgrün** in eine weitere Schüssel geben und mit je **1 TL Olivenöl** und **Reisessig** beträufeln. Mit **1 Prise Cayenne** sowie mit **Salz** und **Pfeffer** abschmecken.

6. Den überbackenen Blumenkohl aus dem Ofen nehmen und etwas abkühlen lassen. Das marinierte **Blattgrün** unterheben und mit dem Knuspertopping bestreut servieren.

Pro Portion ca. 562 kcal, 36 g KH, 16 g Eiweiss, 37 g Fett, 3 Broteinheiten

Gemüse & Pilze | 37

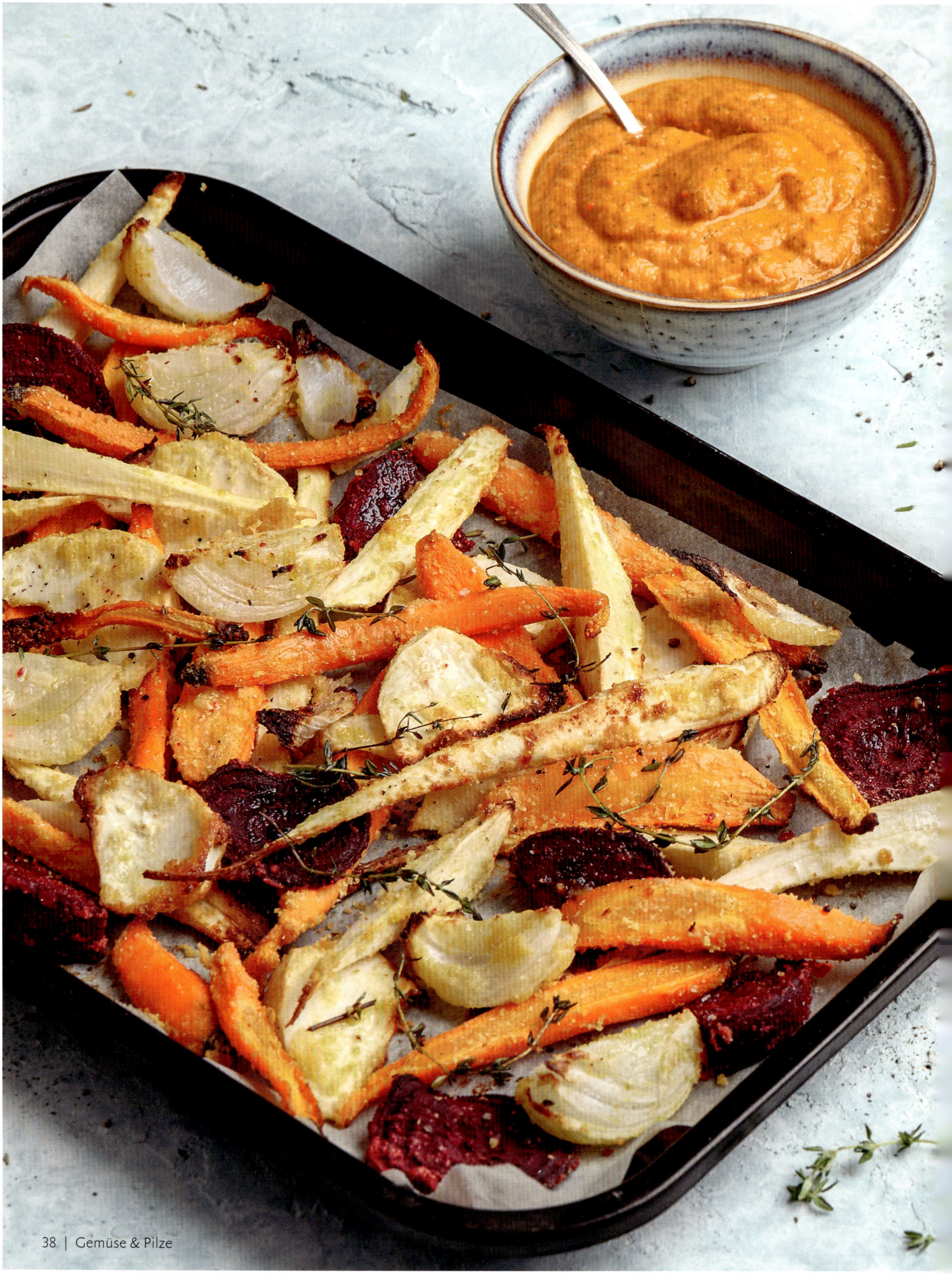

Wurzelgemüse vom Blech mit Paprika-Zucchini-Dip

35 min.

Zutaten für 2 Portionen

- 350 g Karotten – schälen und vierteln
- 250 g Knollensellerie – schälen und in 3-cm-Spalten schneiden
- 200 g Rote Bete, roh – schälen und in 3-cm-Spalten schneiden
- 200 g Pastinaken – schälen und vierteln
- 50 g Zwiebeln – schälen und vierteln
- 20 ml Olivenöl, hitzebeständig
- 10 ml Reisessig
- 1 EL Kichererbsenmehl
- 3 Thymianzweige

Für den Dip
- Olivenöl, hitzebeständig
- 150 g rote Paprika – in 1-cm-Würfel schneiden
- 150 g Zucchini – halbieren und in 3-mm-Scheiben schneiden
- 1 TL Tomatenmark
- 1 TL Senf, mild
- 1 TL Paprikapulver
- 1 Prise Cayennepfeffer
- Kristallsalz und Pfeffer aus der Mühle

Zubereitung

1. Die Zutaten vorbereiten; den Backofen auf 180 °C Umluft vorheizen und ein mit Backpapier bestücktes Backblech bereitstellen.

2. Das **vorbereitete Gemüse** – von **Karotten bis Zwiebeln** – auf dem Backblech verteilen. **20 ml Olivenöl** mit **10 ml Reisessig** und **1 EL Kichererbsenmehl** in einer Schüssel verrühren; mit **Salz** und **Pfeffer** würzen und über das Gemüse geben. Dann auf mittlerer Schiene 20–25 Min. im Ofen backen. In den letzten 5 Min. die **Thymianzweige** dazugeben und mitbacken.

3. In der Zwischenzeit für den Dip eine Pfanne mit Olivenöl erhitzen und die **Paprikawürfel** mit den **Zucchinischeiben** 3–5 Min. anbraten. Dann **1 TL Tomatenmark**, **1 TL Senf**, **1 TL Paprika** sowie **1 Prise Cayenne** dazugeben und 1 Min. mitbraten; mit **Salz** und **Pfeffer** abschmecken und in einem Mixer cremig pürieren. Dann in ein kleines Schälchen füllen und kurz zur Seite stellen.

4. Das gebackene Gemüse anrichten und zusammen mit dem Paprika-Zucchini-Dip servieren.

Pro Portion ca. 426 kcal, 50 g KH, 10 g Eiweiss, 16 g Fett, 4 Broteinheiten

Grüne Bohnen mit Tomaten

25 min.

Zutaten für 2 Portionen

500 g	grüne Bohnen – die Enden abschneiden; die Bohnen in 2-cm-Stücke schneiden
	Olivenöl, hitzebeständig
80	rote Zwiebeln – fein würfeln
1	Knoblauchzehe – fein hacken
500 g	Tomaten – den Strunk entfernen und in 1-cm-Würfel schneiden
1 TL	Yaconsirup
1 TL	Bohnenkraut, getrocknet
	Kristallsalz und Pfeffer aus der Mühle
3 EL	geschnittenes Basilikum

Tipp: Diese Beilage schmeckt z. B. hervorragend zu Bratkartoffeln oder zu Bratlingen.

Zubereitung

1. Die Zutaten vorbereiten.
2. Einen Topf mit Wasser aufkochen, **salzen** und die **Bohnenstücke** 7 Min. kochen; über einem Sieb abgiessen und abtropfen lassen.
3. Währenddessen **etwas Olivenöl** in einer grossen Pfanne erhitzen und die **Zwiebelwürfel** zusammen mit dem **gehackten Knoblauch** ca. 2 Min. dünsten.
4. Dann die abgetropften Bohnen, die **Tomatenwürfel**, **1 TL Yaconsirup** und **1 TL Bohnenkraut** dazugeben und mit **Salz** und **Pfeffer** würzen. Bei niedriger Temperatur und ohne Deckel 5–8 Min. leicht köcheln lassen. Dann mit Salz und Pfeffer abschmecken.
5. Schliesslich **3 EL Basilikum** unterheben, anrichten und servieren.

Pro Portion ca. 220 kcal, 24 g KH, 10 g Eiweiss, 6 g Fett, 2 Broteinheiten

Lauchgemüse mit Maronen

25 min.

Zutaten für 2 Portionen

	Erdnussöl, hitzebeständig
200 g	Räuchertofu – in kleine Würfel schneiden
300 g	Lauch – halbieren, schräg in ca. 1-cm-Stücke schneiden und waschen
1	Chilischote – entkernen und in Ringe schneiden
1	Knoblauchzehe – fein hacken
200 g	Maronen, TK – auftauen und ggf. halbieren
250 ml	Wasser
2 EL	Tamari (Sojasauce)
	Kristallsalz und Pfeffer aus der Mühle

Zubereitung

1. Die Zutaten vorbereiten.

2. Eine Pfanne mit **Erdnussöl** erhitzen und die **Tofuwürfel** goldbraun braten; auf einem Teller zur Seite stellen.

3. Die Pfanne erneut mit **Erdnussöl** erhitzen, den **Lauch** zusammen mit den **Chiliringen** und dem **gehackten Knoblauch** 4 Min. anbraten. Dann die gebratenen Tofuwürfel und **200 g Maronen** dazugeben und mit **250 ml Wasser** ablöschen. Einmal aufkochen, **2 EL Tamari** einrühren, gut vermengen und weiterköcheln lassen, bis der Lauch und die Maronen gar sind.

4. Mit **Salz** und **Pfeffer** abschmecken und servieren.

Tipp: Dazu passt Vollkorn-Basmatireis.

*Pro Portion ca. 451 kcal, 42 g KH,
23 g Eiweiss, 18 g Fett, 3 Broteinheiten*

Gemüsepuffer

30 min.

Zutaten für 2 Portionen

- 200 g Karotten – schälen und fein reiben
- 150 g Knollensellerie – schälen und fein reiben
- 100 g Kresse – grob schneiden
- 2 EL Mandeln, gemahlen
- 4 EL Sojamehl – mit 4 EL Wasser verrühren
- 1 Msp. Muskatnusspulver
- Kristallsalz und Pfeffer aus der Mühle
- Olivenöl, hitzebeständig

Für den Dip

- 200 g saure Sahne, vegan
- 50 g Kresse – grob schneiden
- 1 EL fein gehackte Kräuter nach Wahl (z. B. Schnittlauch, Petersilie oder Basilikum)
- ½ Bio-Zitrone – davon etwas Saft + etwas Abrieb
- 1 Prise Xylitol (Zuckeraustauschstoff)

Zubereitung

1. Die Zutaten vorbereiten.
2. Für die Gemüsepuffer die **geriebenen Karotten**, den **geriebenen Sellerie**, die **geschnittene Kresse** und **2 EL gemahlene Mandeln** in einer Schüssel vermengen. Dann die **Sojamehl-Wasser-Mischung** einrühren und mit **1 Msp. Muskatnusspulver**, **Salz** und **Pfeffer** würzen. Die Masse gründlich mit den Händen kneten und abschmecken.
3. Eine Pfanne mit **Olivenöl** langsam auf mittlere Stufe erhitzen; währenddessen aus der Masse Puffer formen. Dann von beiden Seiten jeweils ca. 5 Min. goldbraun braten. Aus der Pfanne nehmen und zum Abtropfen auf einen mit Küchenpapier ausgelegten Teller legen.
4. Inzwischen für den Dip **alle Zutaten** in einer Schüssel verrühren; mit **Salz**, **Pfeffer** und ggf. **etwas Xylitol** abschmecken.
5. Die Gemüsepuffer zusammen mit dem Dip anrichten.

Pro Portion ca. 399 kcal, 15 g KH, 19 g Eiweiss, 26 g Fett, 1 Broteinheit

Zucchini-Spaghetti

30 min.

Zutaten für 2 Portionen

	Olivenöl, hitzebeständig
2	Frühlingszwiebeln – den grünen und weissen Teil separat in Ringe schneiden
1	Knoblauchzehe – fein hacken
1 EL	Tomatenmark
300 ml	Gemüsebrühe
250 g	Tomaten – Strunk entfernen und in 1-cm-Würfel schneiden
2 TL	Yaconsirup
1 TL	Tamari (Sojasauce)
1 Prise	Vanillepulver
	Kristallsalz und Pfeffer aus der Mühle
2 EL	Mandelmus, weiss
1 EL	Edelhefeflocken
1 TL	Apfelessig
200 g	Cherrytomaten – halbieren
3 EL	fein geschnittenes Basilikum
680 g	Zucchini – mit einem Spiralschneider zu Spaghetti drehen

Zubereitung

1. Die Zutaten vorbereiten.

2. Eine Pfanne mit **Olivenöl** erhitzen und die **weissen Frühlingszwiebelringe** 2 Min. dünsten. Den **gehackten Knoblauch** sowie **1 EL Tomatenmark** dazugeben und kurz mitdünsten.

3. Mit **300 ml Gemüsebrühe** ablöschen, die **Tomatenwürfel**, **2 TL Yaconsirup**, **1 TL Tamari** sowie **1 Prise Vanillepulver** einrühren und kurz aufkochen. Mit **Salz** und **Pfeffer** würzen, die Hitze reduzieren und ca. 10 Min. köcheln lassen.

4. **2 EL Mandelmus**, **1 EL Edelhefeflocken** und **1 TL Apfelessig** einrühren. Dann die **Cherrytomaten**, die **grünen Frühlingszwiebelringe** und das **geschnittene Basilikum** in die Sauce geben, leicht erwärmen und mit **Salz** und **Pfeffer** abschmecken.

5. In einer weiteren Pfanne **Olivenöl** erhitzen und die **Zucchinispaghetti** ca. 3 Min. leicht anbraten; dabei mit **Salz** und **Pfeffer** würzen.

6. Die Zucchinispaghetti mit der Tomatensauce anrichten.

Pro Portion ca. 282 kcal, 26 g KH, 12 g Eiweiss, 13 g Fett, 2 Broteinheiten

Sellerieschnitzel in zwei Varianten

35 min.

Rezept Titelbild

Zutaten für 4 Portionen

500 g	Knollensellerie – schälen und in 1-cm-Scheiben schneiden
150 g	+ 60 g Vollkorn-Dinkelmehl
220 ml	Wasser
	Kristallsalz und Pfeffer aus der Mühle
120 g	Sesamsamen, weiss
120 g	Dinkel-Paniermehl
	Erdnussöl, hitzebeständig

Für den Dip

200 g	saure Sahne, vegan
3 EL	Mandelsahne
2 EL	fein geschnittener Schnittlauch
2 EL	fein gehackte Petersilie
2 Msp.	Knoblauchpulver
	Kristallsalz und Pfeffer aus der Mühle

Tipp: Dazu passt ein cremiges Lauchgemüse.

Pro Portion ca. 448 kcal, 41 g KH, 16 g Eiweiss, 22 g Fett, 3 Broteinheiten

Zubereitung

1. Die Zutaten vorbereiten.
2. Einen Topf mit Wasser aufkochen, **salzen** und die **Selleriescheiben** 5–7 Min. köcheln lassen.
3. In der Zwischenzeit für die Panade **150 g Dinkelmehl** mit **220 ml Wasser** kräftig mit einem Schneebesen verrühren; mit **Salz** und **Pfeffer** würzig (!) abschmecken.
4. Vier Teller nebeneinander auf die Arbeitsfläche stellen. Auf den ersten Teller **60 g Dinkelmehl** geben, auf den zweiten Teller die Panade, auf den dritten Teller **120 g Sesamsamen** und auf den vierten Teller **120 g Dinkel-Paniermehl**.
5. Den Ofen auf 100 °C Umluft vorheizen.
6. Die Selleriescheiben mit einer Schaumkelle aus dem Wasser nehmen, abtropfen lassen und mit einem Küchenpapier trocknen. Anschliessend die Hälfte der Scheiben von beiden Seiten zuerst leicht im Mehl, dann in der Panade und schliesslich in den Sesamsamen wenden.
7. Eine Pfanne mit **Erdnussöl** mittelhoch erhitzen und die panierten Selleriescheiben beidseitig goldbraun braten. Zum Abtropfen auf einen mit Küchenpapier ausgelegten Teller legen und danach im Ofen warmhalten.
8. Die andere Hälfte ebenfalls im Mehl und in der Panade wenden; dann im Paniermehl und schliesslich im **Erdnussöl** von beiden Seiten goldbraun braten. Danach abtropfen lassen und im Ofen warmhalten.
9. Für den Dip **alle Zutaten** in einer Schüssel mit einem verrühren; mit **Salz** und **Pfeffer** abschmecken.
10. Die Sellerieschnitzel zusammen mit dem Dip servieren und geniessen.

Gemüse & Pilze | 45

Champignon-Ragout mit Salzkartoffeln

30 min.

Zutaten für 2 Portionen

500 g	Kartoffeln, festkochend – schälen und in Spalten schneiden
	Erdnussöl, hitzebeständig
200 g	Räuchertofu – in 1-cm-Würfel schneiden
2 EL	Tamari (Sojasauce) – davon 1 EL mit 1 EL Wasser verrühren
250 g	Champignons – vierteln oder sechsteln
150 g	Karotten – in 5-mm-Scheiben schneiden
2 EL	Tomatenmark
1 TL	Paprikapulver, edelsüss
½ TL	Paprikapulver, geräuchert
	Kristallsalz und Pfeffer aus der Mühle
400 ml	Gemüsebrühe
1 TL	gehackter Thymian
1 TL	gehackter Majoran
150 ml	Sojasahne
1 TL	Bio-Maisstärke – mit 1 EL Wasser verrühren
1 EL	Edelhefeflocken
2 EL	gehackte Petersilie

Zubereitung

1. Die Zutaten vorbereiten.

2. Die **Kartoffelspalten** in einem Topf mit Wasser und Salz aufkochen und ca. 15 Min. weichgaren; über einem Sieb abgiessen und kurz abtropfen lassen.

3. In der Zwischenzeit für das Ragout eine Pfanne mit **Erdnussöl** erhitzen und die **Tofuwürfel** ca. 4 Min. anbraten. Dann mit dem **Tamari-Wasser** ablöschen und die Flüssigkeit verdampfen lassen; den Tofu auf einem Teller zur Seite stellen.

4. Die Pfanne erneut mit **Erdnussöl** erhitzen und die **Champignons** zusammen mit den **Karottenscheiben** ca. 4 Min. scharf anbraten. Dann **2 EL Tomatenmark** einrühren und kurz mitbraten. Mit **1 TL edelsüssem Paprikapulver** und **½ TL geräuchertem Paprikapulver** bestäuben, mit **400 ml Gemüsebrühe** ablöschen und mit **Salz** und **Pfeffer** würzen. Einmal aufkochen, die Hitze reduzieren und ca. 8 Min. köcheln lassen.

5. Dann je **1 TL gehackter Thymian** und **Majoran** sowie **1 EL Tamari** dazugeben, **150 ml Sojasahne** einrühren und mit der **angerührten Maisstärke** abbinden. Die Tofuwürfel kurz in der Sauce erwärmen. Mit **1 EL Edelhefeflocken**, **Salz** und **Pfeffer** abschmecken.

6. Das Champignonragout zusammen mit den Salzkartoffeln anrichten und mit **gehackter Petersilie** bestreut geniessen.

Pro Portion ca. 544 kcal, 56 g KH, 29 g Eiweiss, 21 g Fett, 5 Broteinheiten

Gemüse & Pilze | 47

Kartoffeln

Schnell gekocht, heiss gegessen

Die Kartoffel passt sehr gut in die schnelle Küche. Nicht nur Pellkartoffeln und Bratkartoffeln stehen im Nu auf dem Tisch. Selbst Kartoffelpüree ist schnell fertig. Kochen Sie dafür nicht die ganze Kartoffel, sondern schneiden Sie die geschälte Kartoffel in kleine Stücke. In wenigen Minuten sind diese gar und können zu Püree gestampft werden.

Auch für Eintöpfe oder Rösti ist die Kartoffel wie gemacht. Gerade Eintöpfe kann man leicht für mehrere Tage zubereiten und muss am nächsten Tag das Essen nur noch aufwärmen. Röstis wiederum sind das Lieblingsessen vieler Kinder. Ganz einfach können Sie darin Gemüse «verstecken» und erhöhen so den Gesundheitswert der leckeren Speise.

Pellkartoffeln mit Avocado-Creme

30 min.

Zutaten für 2 Portionen

- 400 g mittelgrosse Kartoffeln, mehligkochend
- 2 reife Avocados
- 100 g Tomaten – den Strunk entfernen und in kleine Würfel schneiden
- 2 EL fein gehackte Petersilie
- 2 EL Zitronensaft, frisch gepresst
- Kristallsalz und Pfeffer aus der Mühle

Pro Portion ca. 644 kcal, 37 g KH, 8 g Eiweiss, 47 g Fett, 3 Broteinheiten

Zubereitung

1. Die **Kartoffeln** in reichlich Wasser und **Salz** 25–30 Min. garen. In der Zwischenzeit die anderen Zutaten vorbereiten.

2. Für die Avocadocreme die **Avocados** entkernen, das Fruchtfleisch mit einem Löffel aus der Schale lösen und in eine Schüssel geben. Dann mit einer Gabel zerdrücken, die **Tomatenwürfel** und die **gehackte Petersilie** unterheben, **2 EL Zitronensaft** dazugeben und mit **Salz** und **Pfeffer** abschmecken.

3. Die Kartoffeln halbieren und die Schnittflächen leicht salzen. Dann zusammen mit der Avocadocreme anrichten und geniessen.

Kartoffelpüree mit gebratenem Romanasalat und Räuchertofu-Sauce

35 min.

Zutaten für 2 Portionen

Für das Kartoffelpüree

- 500 g Kartoffeln, mehligkochend – schälen und in 1,5-cm-Stücke schneiden
- 100 ml Sojasahne
- 1 EL Bio-Margarine, vegan + hitzebeständig
- ⅓ TL Räuchersalz
- 2 Msp. Muskatnusspulver

Für den Romanasalat und den Tofu

- Erdnussöl, hitzebeständig
- 200 g Räuchertofu – in 5-mm-Würfel schneiden
- 1 EL + 1 ½ EL Tamari (Sojasauce) – davon 1 EL mit 2 EL Wasser verrühren
- 1 EL Tomatenmark
- ½ TL Paprikapulver, edelsüss
- 300 ml Gemüsebrühe
- 1 TL Senf
- 1 Zweig Rosmarin
- 1 Zweig Thymian
- 40 ml Sojasahne
- 1 TL Yaconsirup
- 1 EL Mandelmus, weiss
- 1 TL Edelhefeflocken
- Kristallsalz und Pfeffer aus der Mühle
- 300 g Mini-Romanasalat – halbieren, waschen, trockentupfen

Zubereitung

1. Die **Kartoffeln** vorbereiten, danach in einen Topf mit Wasser geben, **salzen** und ca. 15 Min. weichkochen. Währenddessen die anderen Zutaten vorbereiten.

2. Dann eine Pfanne mit **Erdnussöl** erhitzen und den **Räuchertofu** 3 Min. anbraten. Mit der **Tamari-Wassermischung** ablöschen und die Flüssigkeit verdampfen lassen. Dann aus der Pfanne nehmen und beiseitestellen.

3. Die Pfanne erneut erhitzen und **1 EL Tomatenmark** darin unter Rühren kurz anbraten. Mit ½ **TL Paprikapulver** bestäuben und sofort mit **300 ml Gemüsebrühe** ablöschen. Dann **1 ½ EL Tamari** und **1 TL Senf** einrühren, je **1 Zweig Thymian-** und **Rosmarin** dazugeben und 5 Min. leicht köcheln lassen.

4. Die Zweige entfernen und danach **40 ml Sojasahne**, **1 TL Yaconsirup** und **1 EL Mandelmus** einrühren. Danach **1 TL Hefeflocken** dazugeben, mit **Salz** und **Pfeffer** abschmecken und den Tofu darin erwärmen.

5. Die gegarten Kartoffeln über einem Sieb abgiessen und abtropfen lassen. Im Topf **100 ml Sojasahne**, **1 EL Margarine**, ⅓ **TL Räuchersalz** und **2 Msp. Muskatnusspulver** erwärmen. Die abgetropften Kartoffeln hinzufügen und feinstampfen; mit **Salz** und **Pfeffer** abschmecken.

6. Eine weitere Pfanne mit etwas **Erdnussöl** erhitzen und den **halbierten Romanasalat** darin beidseitig ca. 3 Min. anbraten. Anschliessend leicht mit **Salz** und **Pfeffer** würzen.

7. Das Kartoffelpüree zusammen mit dem Romanasalat und der Tofu-Sauce anrichten und geniessen.

Pro Portion ca. 644 kcal, 54 g KH, 28 g Eiweiss, 33 g Fett, 5 Broteinheiten

Kartoffeln | 51

52 | Kartoffeln

Kartoffel-Süsskartoffel Pfanne mit Erbsen

30 min.

Zutaten für 2 Portionen

	Erdnussöl, hitzebeständig
250 g	Kartoffeln, festkochend – und schälen; die Schalen abtrocknen und aufbewahren; die Kartoffeln in 1-cm-Würfel schneiden
220 g	Süsskartoffeln – und schälen; die Schalen abtrocknen und aufbewahren; die Süsskartoffeln in 1-cm-Würfel schneiden
	Kristallsalz und Pfeffer aus der Mühle
120 g	Erbsen, TK – auftauen
50 g	rote Zwiebeln – in feine Streifen schneiden
50 ml	Gemüsebrühe
100 ml	Hafersahne
2-3 EL	Edelhefeflocken
1-2 TL	Reisessig

Zubereitung

1. Die Zutaten vorbereiten.

2. Eine breite Pfanne mit etwas **Erdnussöl** erhitzen, die **Kartoffel-** und **Süsskartoffelwürfel** ca. 10 Min. braten. Dabei die Pfanne immer wieder schwenken und mit **Salz** und **Pfeffer** würzen.

3. Parallel dazu einen kleinen Topf mit etwas **Erdnussöl** auf mittlere Temperatur erhitzen und die **Schalen** darin 5-7 Min. knusprig ausbacken. Zum Abtropfen auf einen mit Küchenpapier ausgelegten Teller geben und mit **Salz** und **Pfeffer** würzen.

4. Sobald die Kartoffeln gar sind, die **aufgetauten Erbsen** und die **Zwiebelstreifen** dazugeben und 2 Min. mitbraten. Dann mit **50 ml Gemüsebrühe** ablöschen und **100 ml Hafersahne** einrühren. Mit **Salz**, **Pfeffer**, **Edelhefeflocken** und **Reisessig** würzig abschmecken und einmal aufkochen lassen.

5. Den Pfanneninhalt anrichten und mit den knusprigen Kartoffelschalen garniert servieren.

Pro Portion ca. 365 kcal, 60 g KH,
11 g Eiweiss, 7 g Fett, 5 Broteinheiten

54 | Kartoffeln

Kartoffelrösti mit Lauch und Zwiebeln

35 min.

Zutaten für 2 Portionen

	Erdnussöl, hitzebeständig
120 g	Lauch – in feine Ringe schneiden und waschen
600 g	Kartoffeln, festkochend – grob reiben
80 g	Dinkelmehl, hell
1 TL	fein gehackter Liebstöckel
1 TL	fein gehackter Oregano
	Muskatnusspulver
	Kristallsalz und Pfeffer aus der Mühle
	Räuchersalz

Für den saure Sahne-Dip

200 g	saure Sahne, vegan
1	Spritzer Zitronensaft, frisch gepresst
2 EL	gehackte Petersilie
	Kristallsalz und Pfeffer aus der Mühle

Zubereitung

1. Eine Pfanne (20 cm Ø) mit **Erdnussöl** erhitzen und den abgetropften **Lauch** ca. 3 Min. dünsten. Dann in eine Schüssel geben, die **geriebenen Kartoffeln** und **80 g Mehl** dazugeben. Alles gut vermengen und mit **gehacktem Liebstöckel**, **gehacktem Oregano** sowie mit **Muskatnusspulver**, **Salz**, **Pfeffer** und **Räuchersalz** kräftig abschmecken.

2. Die Pfanne erneut mit reichlich **Erdnussöl** auf mittlere Temperatur erhitzen. Die Kartoffelmasse in die Pfanne geben und mit einem Pfannenheber zu einer Rösti formen. Dann von beiden Seiten langsam jeweils ca. 5 Min. goldbraun braten.

3. Die Rösti aus der Pfanne nehmen und zum Abtropfen auf einen mit Küchenpapier ausgelegten Teller geben.

4. Währenddessen **für den Dip alle Zutaten** in einem Schälchen verrühren und mit **Salz** und **Pfeffer** abschmecken.

5. Die Rösti zusammen mit dem saure Sahne-Dip anrichten und servieren.

*Pro Portion ca. 494 kcal, 82 g KH,
13 g Eiweiss, 11 g Fett, 7 Broteinheiten*

56 | Kartoffeln

Gulasch mit Kartoffeln und Paprika

30 min.

Zutaten für 2 Portionen

	Olivenöl, hitzebeständig
400 g	Kartoffeln, mehligkochend – schälen und in 1,5-cm-Würfel schneiden
500 g	gemischte Paprika – halbieren, entkernen und in Würfel schneiden
300 ml	Wasser
230 g	passierte Tomaten, aus dem Glas
1 TL	Paprikapulver, edelsüss Kristallsalz und Pfeffer aus der Mühle
150 g	grüner Apfel, säuerlich – schälen, entkernen und in 5-mm-Scheiben schneiden
150 ml	Sojasahne
1 EL	Yaconsirup
1 EL	Edelhefeflocken
1 EL	gehackte Petersilie

Zubereitung

1. Die Zutaten vorbereiten.

2. Eine Pfanne mit **Olivenöl** erhitzen und die **Kartoffelwürfel** 3–4 Min. anbraten. Dann die **Paprikawürfel** dazugeben und 3 Min. mitdünsten.

3. Mit **300 ml Wasser** ablöschen, **230 g passierte Tomaten** dazugeben und mit **1 TL Paprikapulver** sowie mit **Salz** und **Pfeffer** würzen und ca. 10 Min. köcheln lassen, bis die Kartoffeln gar sind. Dann die **Apfelscheiben** 2 Min. mitköcheln.

4. Schliesslich **150 ml Sojasahne**, **1 EL Yaconsirup** und **1 EL Hefeflocken** einrühren, einmal aufkochen lassen und mit **Salz** und **Pfeffer** abschmecken.

5. Das Gulasch anrichten und mit **1 EL Petersilie** bestreut servieren.

Pro Portion ca. 510 kcal, 73 g KH, 11 g Eiweiss, 16 g Fett, 6 Broteinheiten

Kartoffeln nach Bombay Art

30 min.

Zutaten für 2 Portionen

- 450 g Kartoffeln, festkochend – in 1,5-cm-Würfel schneide
- 250 g geschälte Tomaten, aus dem Glas
- 1 EL geriebener Ingwer
- 1 Knoblauchzehe – halbieren
- Erdnussöl, hitzebeständig
- ½ TL Senfsamen, schwarz
- 40 g Zwiebeln – grob würfeln
- 1 TL Korianderpulver
- ¾ TL Kreuzkümmelpulver
- ½ TL Garam Masala
- ⅓ TL Kurkumapulver
- 1 Prise Cayennepfeffer
- Kristallsalz und Pfeffer aus der Mühle
- 2 EL gehackter Koriander

Zubereitung

1. Die **Kartoffeln** in einem Topf mit Wasser aufkochen, **salzen** und ca. 10 Min. weichkochen. Dann über einem Sieb abgiessen und kurz abkühlen lassen.

2. Währenddessen **die Hälfte der Tomaten** zusammen mit **Ingwer** und **Knoblauch** in einem Mixer fein pürieren.

3. **Erdnussöl** in einer beschichteten Pfanne erhitzen und **½ TL Senfsamen** darin anbraten, bis sie zu springen beginnen. Dann die **Zwiebeln** dazugeben und 1 Min. mitbraten.

4. Mit dem **Tomaten-Püree** ablöschen, **alle Gewürze** – von Koriander bis Cayenne – sowie **etwas Salz** dazugeben, gut verrühren und 4–6 Min. dünsten.

5. Schliesslich die **Kartoffelwürfel** und die **restlichen Tomaten** in die Pfanne geben und mit einer Kelle die Tomaten zerkleinern. Das Ganze ca. 5 Min. köcheln lassen, bis die Kartoffeln die gesamte Flüssigkeit aufgenommen haben.

6. Die Bombay-Kartoffeln mit **Salz** und **Pfeffer** abschmecken, anrichten und mit 2 EL Koriander bestreut servieren.

Pro Portion ca. 274 kcal, 46 g KH,
7 g Eiweiss, 6 g Fett, 4 Broteinheiten

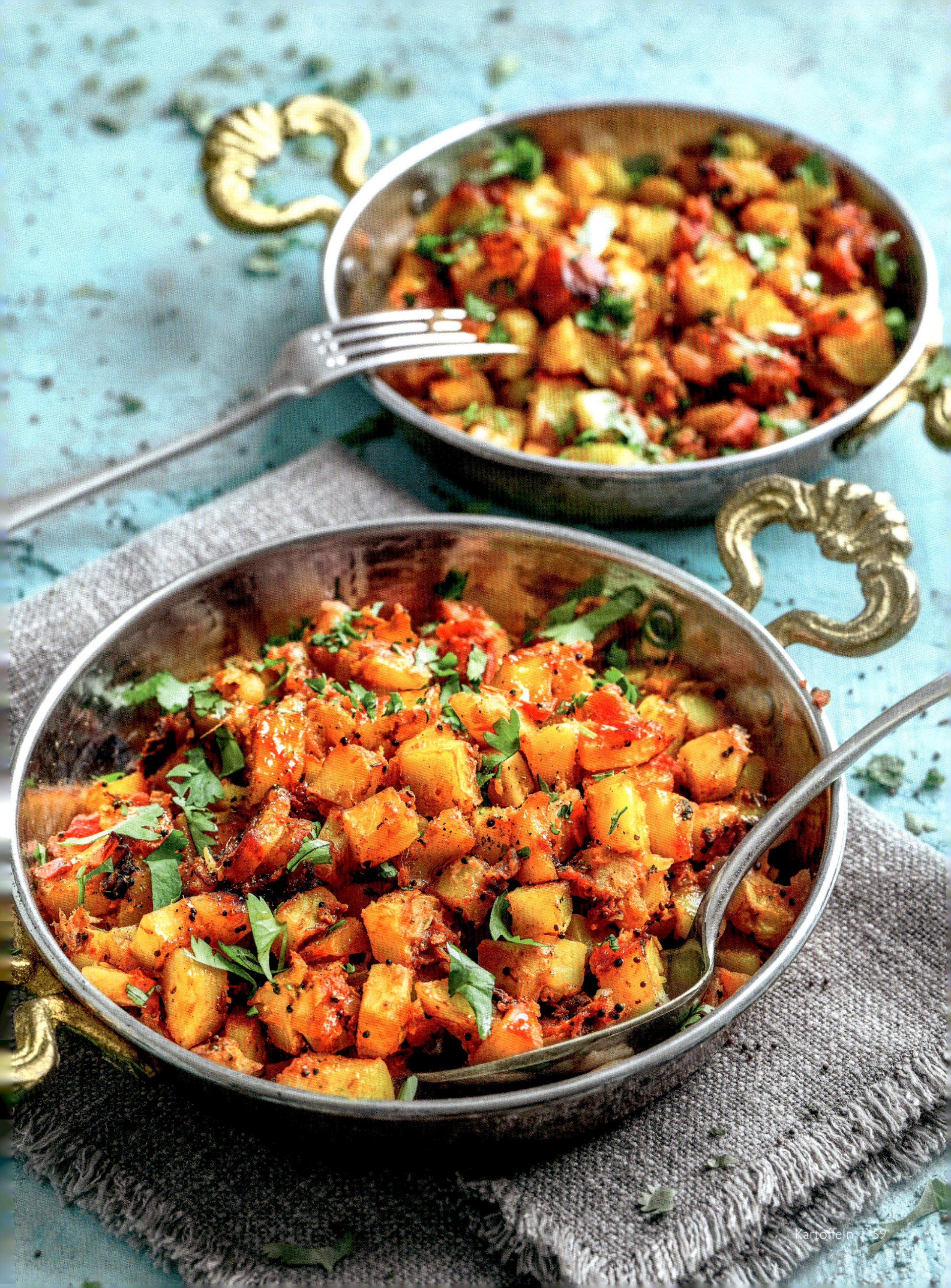

Süsskartoffelsalat – mediterran

30 min.

Zutaten für 2 Portionen

- 50 g getrocknete, eingelegte Tomaten – fein hacken
- 15 g Kapern – fein hacken
- 1 Knoblauchzehe – fein hacken
- 20 ml Balsamico bianco
- 30 ml + 1 TL Olivenöl, kaltgepresst
- Kristallsalz und Pfeffer aus der Mühle
- Olivenöl, hitzebeständig
- 350 g Süsskartoffeln – schälen und mit einem Sparschäler in lange Streifen schneiden
- 250 g Brokkoli – in kleine Röschen schneiden
- 50 g rote Zwiebeln – halbieren und in feine Streifen schneiden
- 50 g Blattspinat
- 1 TL Reisessig
- 30 g Cashewkerne – grob hacken und fettfrei rösten

Pro Portion ca. 583 kcal, 63 g KH, 12 g Eiweiss, 28 g Fett, 5 Broteinheiten

Zubereitung

1. Die Zutaten vorbereiten.

2. Für die Marinade die **gehackten Tomaten**, **Kapern** und den **Knoblauch** in einer Schüssel vermengen; **20 ml Balsamico** und **30 ml Olivenöl** dazugeben, gut vermengen und mit **Salz** und **Pfeffer** abschmecken; zur Seite stellen.

3. Eine Pfanne mit **Olivenöl** hoch erhitzen und die **Süsskartoffelstreifen** beidseitig 2-3 Min. braten. Dann in die Marinade geben und vermengen.

4. Die Pfanne erneut mit **Olivenöl** auf mittlere Stufe erhitzen und die **Brokkoliröschen** 5-8 Min. braten, bis sie leicht gebräunt und gar sind. Dann die **Zwiebelstreifen** 1 Min. mitbraten und den Pfanneninhalt ebenfalls in die Marinade geben und vorsichtig vermengen.

5. Den Spinat in eine Schüssel geben; mit **1 TL Reisessig** und **1 TL Olivenöl** beträufeln, vermengen und mit **Salz** und **Pfeffer** abschmecken. Den Spinat auf einer Platte verteilen, die Süsskartoffeln und den Brokkoli darauf anrichten und mit **gerösteten Cashewkernen** bestreut servieren.

Kartoffeln mit Paprika an süss-saurer Sauce

25 min.

Zutaten für 2 Portionen

- 600 g Kartoffeln, festkochend – schälen und in dünne Scheiben schneiden
  Erdnussöl, hitzebeständig
- 200 g rote Paprika – vierteln, entkernen und in Streifen schneiden
- 2 EL Sesamsamen, weiss – im Mörser grob mahlen

Für die süss-saure Sauce

- 100 ml Wasser
- 6 EL Tamari (Sojasauce)
- 4 EL Aceto Balsamico
- 5 EL Yaconsirup
- 1 EL Bio-Maisstärke
- 1 EL Edelhefeflocken
  Kristallsalz und Pfeffer aus der Mühle

Zubereitung

1. Die Zutaten vorbereiten.
2. Einen Topf mit Wasser aufkochen und **salzen**. Die **Kartoffelscheiben** in das kochende Wasser geben, erneut aufkochen lassen und 5 Min. (nicht länger!) bissfest kochen. Anschliessend sofort über einem Sieb abgiessen, mit kaltem Wasser abspülen und abtropfen lassen.
3. Währenddessen für die süss-saure Sauce **alle Zutaten** in einer Schüssel verrühren und mit **Salz** und **Pfeffer** abschmecken.
4. Eine Pfanne mit **Erdnussöl** erhitzen und die **Paprika** 3 Min. braten. Dann die gemahlenen **Sesamsamen** dazugeben und unter Rühren 1 Min. mitbraten. Mit der Sauce ablöschen, unter Rühren einmal aufkochen lassen und die abgetropften Kartoffeln dazugeben. Alles gut vermengen und mit **Salz** und **Pfeffer** abschmecken.
5. Den Pfanneninhalt anrichten und servieren.

Pro Portion ca. 513 kcal, 86 g KH, 13 g Eiweiss, 10 g Fett, 7 Broteinheiten

Getreide & Co.

Schnelle Beilagen für jeden Tag

Reis und Getreide lassen sich hervorragend in die schnelle gesunde Küche integrieren. Denn Couscous, Bulgur, Hirse und Quinoa sind in längstens 15 bis 20 Minuten verzehrfertig. Polenta ist noch schneller soweit. In der Zwischenzeit bereiten Sie das Gemüse zu. Lediglich Naturreis braucht etwas länger. Wenn Sie jedoch einen Vollkorn-Jasminreis oder -Basmatireis wählen, dann ist auch dieser in spätestens 30 Minuten gar.

Wählen Sie auch bei Couscous die Vollkornvariante – und wenn Sie Weizen meiden möchten, gibt es nicht nur den Couscous aus Dinkel, sondern auch den Bulgur. Couscous gibt es sogar in glutenfreier Qualität und zwar aus Quinoa, Hirse, Kichererbsen oder Mais.

Couscous mit Oliven, Minze und Limette

20 min.

Zutaten für 2 Portionen

- 150 g Vollkorn-Couscous
- 30 g Jalapeños, aus dem Glas – fein hacken
- 30 g schwarze Oliven, entsteint – in 2-mm-Ringe schneiden
- 1 Bio-Limette – davon 1 TL Abrieb und 3 EL Saft
- 3 EL Olivenöl, kaltgepresst
- 3 EL Reisessig
- 1 EL Yaconsirup
- Kristallsalz und Pfeffer aus der Mühle
- 1 EL fein gehackte Minze
- 150 Cherrytomaten – vierteln
- 50 g Frühlingszwiebeln – in 2-mm-Ringe schneiden
- 20 g Walnusskerne – grob hacken und fettfrei rösten

Zubereitung

1. Den **Couscous** nach Packungsangabe garen, in eine Schüssel geben und abkühlen lassen.

2. In der Zwischenzeit die Zutaten vorbereiten.

3. Die **gehackten Jalapeños**, die **Olivenringe**, **3 EL Limettensaft**, **1 TL Limettenabrieb**, **3 EL Olivenöl**, **3 EL Reisessig** und **1 EL Yaconsirup** in einer kleinen Schüssel verrühren und über den Couscous geben. Vorsichtig vermengen; mit **Salz** und **Pfeffer** abschmecken und die **gehackte Minze** unterheben.

4. Den Couscous-Salat mit den **geviertelten Tomaten**, den **Frühlingszwiebelringen** und den **gerösteten Walnüssen** garniert servieren.

Pro Portion ca. 610 kcal, 63 g KH, 10 g Eiweiss, 33 g Fett, 5 Broteinheiten

Getreide & Co.

64 | Getreide & Co.

Hirse mit fruchtigem Blaubeer-Dressing

30 min.

Zutaten für 2 Portionen

Für die Hirse

- 120 g Hirse – mit heissem Wasser gründlich waschen und abtropfen lassen
- ½ TL Kreuzkümmelpulver
- Kristallsalz und Pfeffer aus der Mühle
- 220 g Süsskartoffeln – in 1-cm-Würfel schneiden
- 200 g Avocado – schälen und in 3-mm-Scheiben schneiden
- 30 g Pekannüsse – grob hacken und fettfrei rösten
- 2 EL geschnittenes Basilikum

Für das Blaubeer-Dressing

- 140 g Blaubeeren, frisch oder TK
- 40 g Schalotten – fein würfeln
- 50 g Cashewkerne
- 1 EL Apfelessig
- 2 EL Olivenöl, kaltgepresst
- 1 TL Dijon-Senf
- 60 ml Wasser
- 1 TL Reisessig
- 1 EL Tamari (Sojasauce)
- Kristallsalz und Pfeffer aus der Mühle

Zubereitung

1. Die Zutaten vorbereiten.
2. Die **Hirse** nach Packungsangabe garen; über einem Sieb abgiessen, mit kaltem Wasser abschrecken und abtropfen lassen. Dann in eine Schüssel geben und mit ½ **TL Kreuzkümmel** sowie **Salz** und **Pfeffer** abschmecken.
3. Parallel dazu einen weiteren Topf mit Wasser aufkochen, **salzen** und die **Süsskartoffelwürfel** ca. 7 Min. kochen; über einem Sieb abgiessen und abtropfen lassen.
4. In der Zwischenzeit **für das Dressing alle Zutaten** in einem Standmixer 2–3 Min. auf höchster Stufe mixen. Mit **Salz** und **Pfeffer** würzig abschmecken, in eine Schüssel füllen und kurz zur Seite stellen.
5. Die Hirse zusammen mit den Süsskartoffeln und den **Avocadoscheiben** anrichten. Mit dem Dressing beträufeln, vorsichtig vermengen, mit den **gehackten Pekannüssen** und dem **geschnittenen Basilikum** bestreut geniessen.

Pro Portion ca. 947 kcal, 86 g KH, 16 g Eiweiss, 55 g Fett, 7 Broteinheiten

Tipp: *Falls etwas Dressing übrigbleibt, hält es sich 3 Tage im Kühlschrank.*

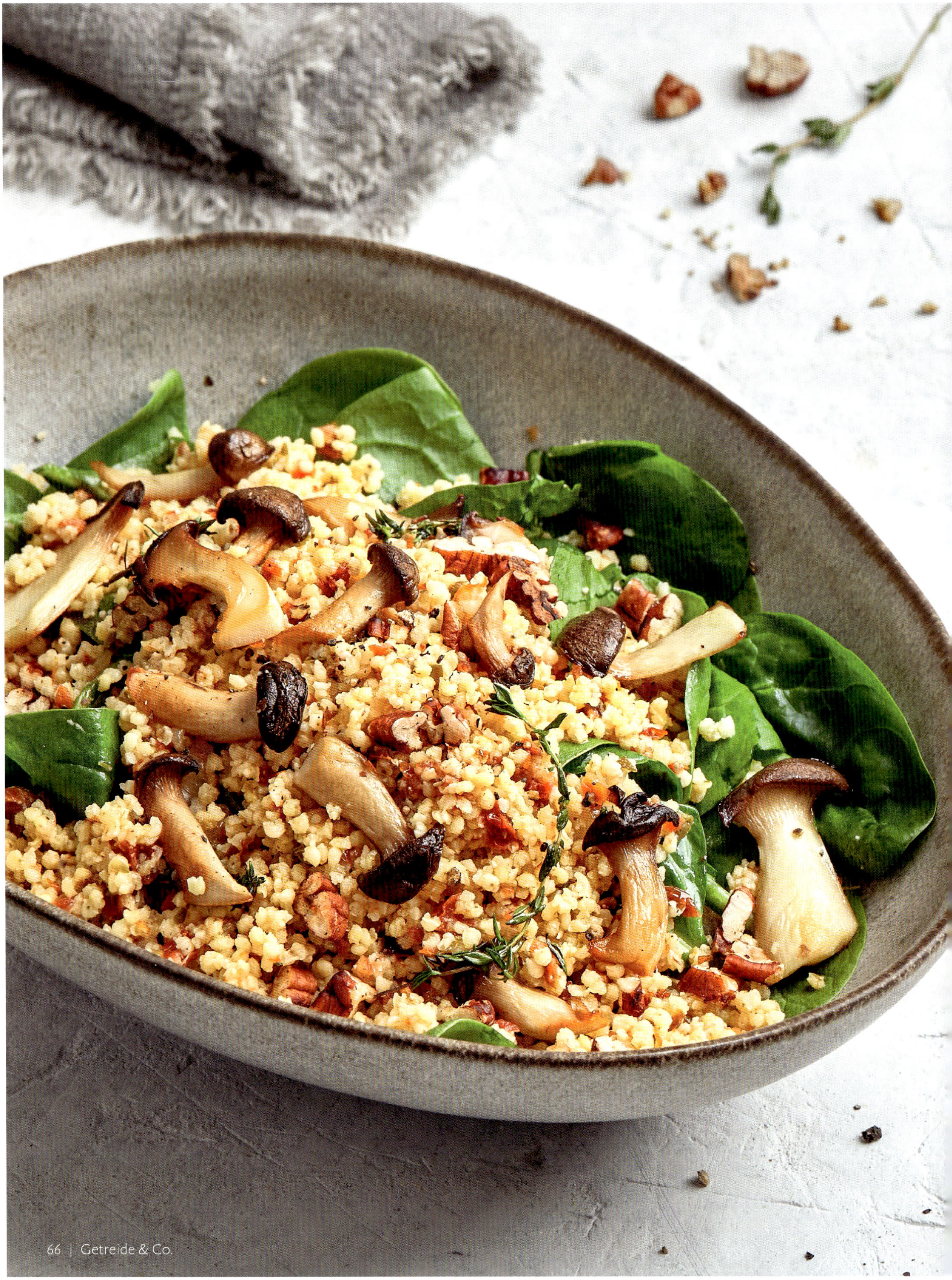

Hirse mit Pilzen und Spinat

30 min.

Zutaten für 2 Portionen

500 ml	Gemüsebrühe
100 g	Hirse - mit heissem Wasser gründlich waschen und abtropfen lassen
	Olivenöl, hitzebeständig
50 g	Zwiebeln - fein würfeln
30 g	getrocknete, eingelegte Tomaten - fein hacken
15 g	Kapern - fein hacken
200 ml	Hafermilch
2 EL	Edelhefeflocken
	Kristallsalz und Pfeffer aus der Mühle
2 TL	+ 1 TL Reisessig
150 g	Kräuterseitlinge - in Scheiben schneiden
1 TL	gezupfter Thymian
10 g	Margarine, vegan + hitzebeständig
50 g	Blattspinat
1 TL	Olivenöl, kaltgepresst
20 g	Pekanüsse - grob hacken und fettfrei rösten

Zubereitung

1. Einen Topf mit **500 ml Gemüsebrühe** aufkochen und die **Hirse** 13-15 Min. bissfest garen. In der Zwischenzeit die Zutaten vorbereiten.

2. Für die Sauce einen kleinen Topf mit etwas **Olivenöl** auf mittlere Stufe erhitzen und die **gewürfelten Zwiebeln**, **Tomaten** und **Kapern** 1-2 Min. braten. Mit **200 ml Hafermilch** ablöschen; mit **2 EL Hefeflocken** sowie **Salz** und **Pfeffer** würzig abschmecken.

3. Die abgetropfte Hirse in die Sauce geben, einmal kurz aufkochen und 2-3 Min. fertig garen. Mit **2 TL Reisessig** sowie mit **Salz** und **Pfeffer** abschmecken.

4. Eine Pfanne mit **Olivenöl** hoch erhitzen und die **Kräuterseitlinge** 2-3 Min. beidseitig scharf anbraten. **1 TL Thymian** und **10 g Margarine** dazugeben, die Pfanne vom Herd nehmen und mit **Salz** und **Pfeffer** würzig abschmecken.

5. Den **Blattspinat** in eine kleine Schüssel geben; je **1 TL Olivenöl** und **Reisessig** dazugeben, vermengen und mit **Salz** und **Pfeffer** abschmecken.

6. Die Hirse anrichten, die Pilze und den marinierten Spinat darübergeben und mit den **gerösteten Pekannüssen** bestreut servieren.

Pro Portion ca. 503 kcal, 49 g KH, 12 g Eiweiss, 27 g Fett, 3 Broteinheiten

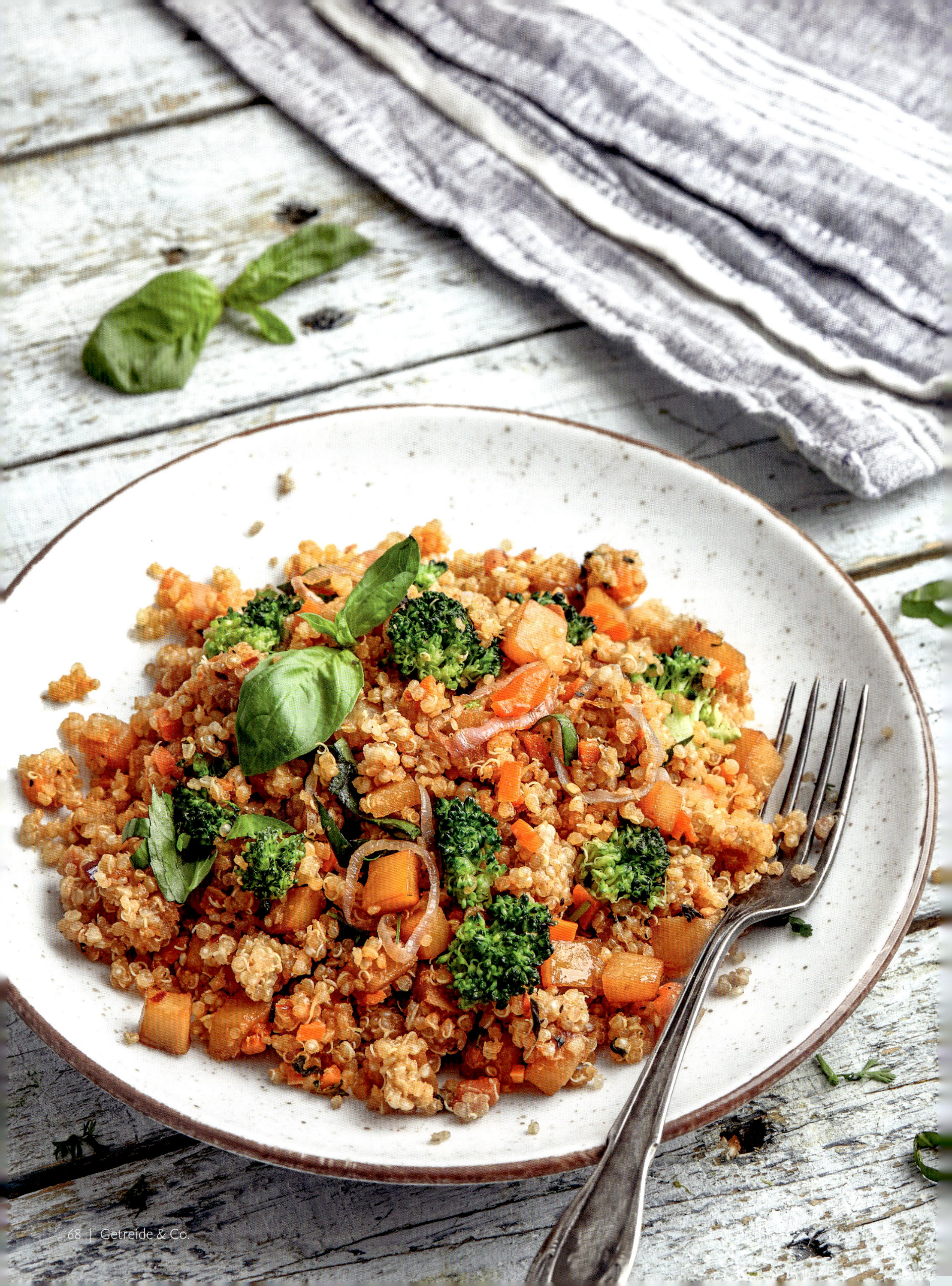

Schnelles Quinoa-Gericht mit Brokkoli

30 min.

Zutaten für 2 Portionen

340 ml	Gemüsebrühe
200 g	Brokkoli – in kleine Röschen schneiden
160 g	Quinoa, weiss – gründlich waschen
3 EL	Tamari (Sojasauce) – davon 2 EL mit 1 EL Wasser verrühren
	Kristallsalz und Pfeffer aus der Mühle
2 EL	Edelhefeflocken
¾ TL	Paprikapulver, edelsüss
½ TL	Paprikapulver, geräuchert
½ TL	Chiliflocken
¼ TL	Bio-Zitronenabrieb
1 TL	Majoran, getrocknet
2 EL	gehacktes Basilikum
	Olivenöl, hitzebeständig
170 g	Kartoffeln, festkochend – schälen und in 1-cm-Würfel schneiden
100 g	Karotten – schälen und in 5-mm-Würfel schneiden
20 g	Schalotten – schälen und in Ringe schneiden

Zubereitung

1. Die Zutaten vorbereiten.

2. Dann **340 ml Gemüsebrühe** in einem Topf aufkochen lassen und die **Brokkoliröschen** 1½ Min. kochen; mit einer Schaumkelle aus der Brühe nehmen, kurz abtropfen und auf einem Teller beiseitestellen.

3. **160 g Quinoa** in die Gemüsebrühe geben, **1 EL Tamari**, **Salz** und **Pfeffer** dazugeben und einmal aufkochen. Dann die Hitze reduzieren, den Topf abdecken und 15 Min. köcheln lassen. Dann mit **2 EL Hefeflocken**, **¾ TL edelsüsses Paprikapulver**, **½ TL Räucherpaprika** und **½ TL Chiliflocken** würzen und gut vermengen. **¼ TL Zitronenabrieb**, **1 TL Majoran** sowie das **gehackte Basilikum** unterheben; mit **Salz** und **Pfeffer** abschmecken.

4. In der Zwischenzeit eine Pfanne mit etwas **Olivenöl** erhitzen und die **Kartoffelwürfel** 3 Min. braten. Dann die **Karottenwürfel** 3 Min. mitbraten; die **Schalottenringe** dazugeben und 2 Min. mitbraten. Mit der **Tamari-Wasser-Mischung** ablöschen und verdampfen lassen. Die Brokkoliröschen dazugeben und vermengen.

5. Die Quinoa anrichten, den Pfanneninhalt darüber verteilen und servieren.

Pro Portion ca. 558 kcal, 75 g KH, 19 g Eiweiss, 17 g Fett, 6 Broteinheiten

Gewürzreis mit Sultaninen

20 min.

Zutaten für 2 Portionen

	Erdnussöl, hitzebeständig
60 g	Zwiebeln – fein würfeln
1	Stängel Zitronengras – in 3 Stücke teilen und mit einem Messerrücken aufklopfen
2	Nelken, ganz
½ TL	Pimentpulver
½ TL	Kreuzkümmelpulver
4	Kardamomkapseln
2	Kaffir-Limettenblätter
140 g	Basmatireis – gründlich waschen
280 ml	Gemüsebrühe
2 EL	Sultaninen, hell
	Kristallsalz und Pfeffer aus der Mühle
2 EL	grob gehackter Koriander

Zubereitung

1. Die Zutaten vorbereiten.

2. Einen Topf mit etwas **Erdnussöl** erhitzen, die **Zwiebelwürfel** und **Zitronengrasstücke** 2 Min. dünsten. Dann **2 Nelken**, je **½ TL Piment** und **Kreuzkümmel**, den **Kardamom** und **2 Limettenblätter** dazugeben und gut verrühren. Den Reis unterheben, mit **280 ml Gemüsebrühe** ablöschen, **salzen** und **2 EL Sultaninen** dazugeben. Bei geringer Hitze abgedeckt ca. 12 Min. köcheln lassen. Den Topf vom Herd nehmen; die Zitronengras-Stücke, die Nelken, Kardamom sowie die Kaffir-Limettenblätter entfernen und mit **Salz** und **Pfeffer** abschmecken.

3. Den Gewürzreis mit **gehacktem Koriander** garnieren.

Pro Portion ca. 350 kcal, 61 g KH, 12 g Eiweiss, 6 g Fett, 5 Broteinheiten

70 | Getreide & Co.

Bulgur mit Kartoffeln, Mais und Tomaten

25 min.

Zutaten für 2 Portionen

	Olivenöl, hitzebeständig
20 g	getrocknete, eingelegte Tomaten – hacken
150 g	Kartoffeln, festkochend – schälen und in 1,5-cm-Würfel schneiden
1 EL	Tomatenmark
350 ml	Wasser
120 g	Bio-Mais, aus dem Glas (netto) – über einem Sieb abgiessen und abtropfen lassen
	Kristallsalz und Pfeffer aus der Mühle
125 g	Dinkel-Bulgur
1 EL	Tamari (Sojasauce)
1 EL	Yaconsirup
150 g	Datteltomaten – vierteln
1 TL	gehackter Thymian
2 EL	grob geschnittenes Basilikum

Zubereitung

1. Die Zutaten vorbereiten.

2. Einen Topf mit Olivenöl erhitzen und die **gehackten Tomaten** mit den Kartoffelwürfeln und **1 EL Tomatenmark** 3 Min. dünsten. Mit 350 ml Wasser ablöschen, den **abgetropften Mais** dazugeben; **salzen** und **pfeffern**. Einmal aufkochen, den Topf abdecken, die Hitze reduzieren und 5 Min. köcheln lassen.

3. Dann **125 g Bulgur** dazugeben, **1 EL Tamari** und **1 EL Yaconsirup** einrühren und erneut aufkochen; den Topf abdecken und 10 Min. leicht köcheln lassen. Anschliessend mit **Salz** und **Pfeffer** abschmecken, die **Tomatenviertel** und den **gehackten Thymian** unterheben und den Topf vom Herd nehmen.

4. Den Bulgur anrichten und mit dem **gehackten Basilikum** garniert servieren.

Pro Portion ca. 437 kcal, 73 g KH, 12 g Eiweiss, 7 g Fett, 6 Broteinheiten

Polenta mit Kräuterseitlingen und Cicorino rosso

30 min.

Zutaten für 2 Portionen

	Olivenöl, hitzebeständig
150 g	Kräuterseitlinge – in Scheiben schneiden
80 g	Zwiebeln – fein würfeln
1	Knoblauchzehe – fein hacken
250 ml	Hafermilch
200 ml	Gemüsebrühe
100 g	Bio-Maisgriess, fein (Polenta)
100 g	Cicorino rosso – in Streifen schneiden
1 EL	Reisessig
1 EL	Yaconsirup
1 EL	Edelhefeflocken
1 Msp.	Muskatnusspulver
	Kristallsalz und Pfeffer aus der Mühle
10 g	Margarine, vegan + hitzebeständig
25 g	Kresse
15 g	Sonnenblumenkerne – fettfrei rösten

Zubereitung

1. Die Zutaten vorbereiten.

2. Eine Pfanne mit **Olivenöl** erhitzen und die **Kräuterseitlinge** 2-3 Min. von beiden Seiten goldbraun braten. Dann die **gewürfelten Zwiebeln** und den **gehackten Knoblauch** 1 Min. mitbraten, **salzen** und **pfeffern**; die Pilze auf einem Teller zur Seite stellen.

3. Einen Topf mit **250 ml Hafermilch** und **200 ml Gemüsebrühe** aufkochen, die Hitze stark reduzieren, **100 g Maisgriess** einrieseln lassen und unter Rühren ca. 10 Min. köcheln lassen.

4. In der Zwischenzeit die Pfanne erneut mit etwas **Olivenöl** hoch erhitzen und den **Cicorino rosso** 1 Min. braten; leicht **salzen**, mit **1 EL Reisessig** ablöschen und verdampfen lassen. Dann **1 EL Yaconsirup** dazugeben, kurz glasieren und die Pfanne vom Herd nehmen.

5. Die gegarte Polenta mit **1 EL Hefeflocken, 1 Msp. Muskatnuss** sowie **Salz** und **Pfeffer** würzig abschmecken, **10 g Margarine** einrühren.

6. Die Polenta anrichten, darauf den **gebratenen Cicorino rosso** und die **Kresse** verteilen mit **gerösteten Sonnenblumenkernen** bestreut servieren.

Pro Portion ca. 438 kcal, 58 g KH, 12 g Eiweiss, 16 g Fett, 5 Broteinheiten

Getreide & Co. | 73

Currys

Indische Köstlichkeiten schnell gezaubert

Currys sind herrlich cremige Suppen oder Eintöpfe mit den typisch indischen Gewürzen. Sie wärmen und schmecken köstlich aromatisch. Lassen Sie sich von den langen Zutatenlisten nicht abschrecken. Das scheint nur so. Meist bestehen die Currys aus nur zwei Hauptzutaten, z. B. Kartoffeln und Pak Choi oder Quinoa und Paprika. Für die cremige Konsistenz kommt Kokosmilch hinzu. Der Rest aber besteht lediglich aus verschiedenen Gewürzen.

Ein Curry ist daher für alle ideal, die schnell, aber entspannt kochen möchten und natürlich für alle, die Spass an einem gut ausgestatteten Gewürzschrank haben.

Dal aus roten Linsen

25 min.

Zutaten für 2 Portionen

	Kokosöl
100 g	Zwiebeln – fein würfeln
1	Knoblauchzehe – fein hacken
150 g	rote Linsen – über einem Sieb spülen, bis sie nicht mehr schäumen; abtropfen lassen
1 TL	Currypulver
½ TL	Kreuzkümmelpulver
⅓ TL	Kurkumapulver
1 Prise	Cayennepfeffer
450 ml	Gemüsebrühe
100 ml	Kokosmilch
1	Bio-Zitrone – davon ½ TL Abrieb + 1 TL Saft
1 EL	Edelhefeflocken
	Kristallsalz und Pfeffer aus der Mühle
2 EL	gehackter Koriander

Zubereitung

1. Die Zutaten vorbereiten.

2. Einen Topf mit etwas **Kokosöl** erhitzen, die **gewürfelten Zwiebeln** und den **gehackten Knoblauch** 1 Min. dünsten. Dann die **abgetropften Linsen**, **1 TL Curry**, **½ TL Kreuzkümmel**, **⅓ TL Kurkuma** und **1 Prise Cayenne** unter Rühren 30 Sek. mitdünsten. Mit **450 ml Gemüsebrühe** ablöschen und einmal aufkochen; die Hitze reduzieren und 15 Min. leicht köcheln lassen.

3. **100 ml Kokosmilch** einrühren, nochmals aufkochen lassen und den Topf vom Herd nehmen. Schliesslich **1 TL Zitronensaft** und **½ TL -abrieb** einrühren; mit **1 EL Hefeflocken**, **Salz** und **Pfeffer** würzig abschmecken.

4. Das Dal anrichten und mit **gehacktem Koriander** garnieren.

Pro Portion ca. 453 kcal, 52 g KH, 24 g Eiweiss, 14 g Fett, 5 Broteinheiten

Tipp: Dazu passt Naan-Brot.

Currys | 75

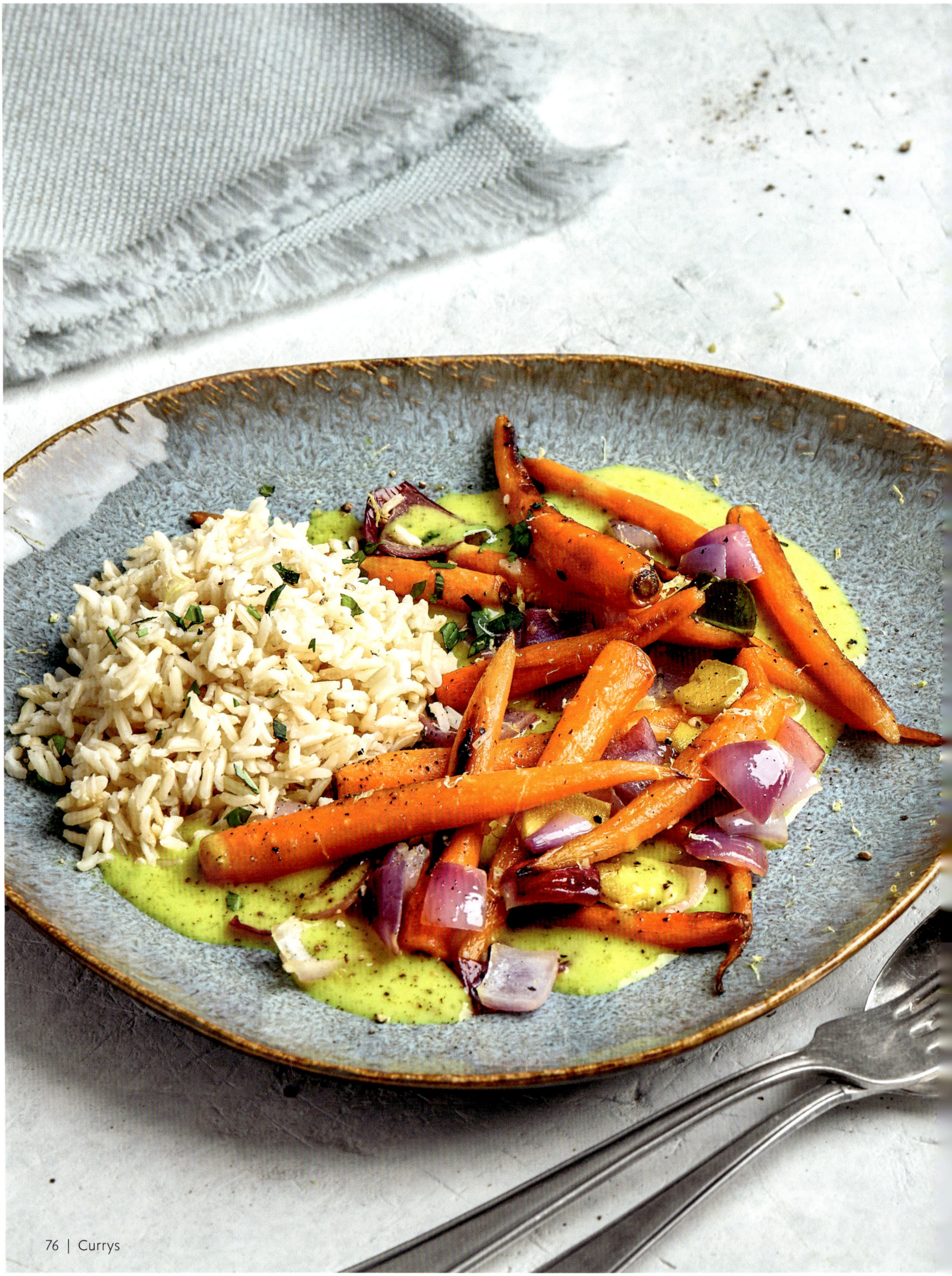

Karotten-Thai-Curry

30 min.

Zutaten für 2 Portionen

160 g	Basmatireis – gründlich waschen
	Erdnussöl, hitzebeständig
400 g	Baby Karotten, orange – schälen
100 g	rote Zwiebeln – in 2-cm-Würfel schneiden
1 Stängel	Zitronengras – mit einem Messerrücken aufklopfen
1	Knoblauchzehe – fein hacken
3 cm	Ingwerwurzel – schälen und in 2-mm-Scheiben schneiden
½ TL	Kreuzkümmelpulver
½ TL	Kurkumapulver
1 Prise	Cayennepfeffer
3	Kaffir-Limettenblätter
250 ml	Gemüsebrühe
150 ml	Kokosmilch
½ TL	Nori Algenpulver – dazu 1 Algenblatt im Mixer pulverisieren; den Rest zur Aufbewahrung in ein verschliessbares Glas füllen
	Kristallsalz und Pfeffer aus der Mühle
½ TL	Kartoffelstärke – mit 1 EL Wasser verrühren
1	Bio-Zitrone – davon ½ TL Abrieb + ½ TL Saft
2 EL	grob geschnittenes Thai-Basilikum
2 EL	grob geschnittener Koriander

Zubereitung

1. Den **Reis** nach Packungsangabe garen. In der Zwischenzeit die Zutaten vorbereiten.

2. Eine grosse Pfanne mit **Erdnussöl** erhitzen und die **Karotten** rundherum ca. 5 Min. anbraten. Dann die **Zwiebelwürfel**, das **aufgeklopfte Zitronengras**, den **gehackten Knoblauch** sowie die **Ingwerscheiben** 1 Min. mitbraten.

3. Mit **½ TL Kreuzkümmel**, **½ TL Kurkuma** und **1 Prise Cayenne** würzen, **3 Limettenblätter** dazugeben und 30 Sek. mitdünsten. Dann mit **250 ml Gemüsebrühe** ablöschen und 5 Min. köcheln lassen.

4. **150 ml Kokosmilch** und **½ TL Algenpulver** einrühren; mit **Salz** und **Pfeffer** würzig abschmecken. Das Zitronengras, Ingwerscheiben und Kaffir-Limettenblätter entfernen. Dann mit der **angerührten Kartoffelstärke** abbinden, mit **½ TL Zitronensaft** sowie **½ TL Zitronenabrieb** abschmecken und anrichten.

5. Das Curry mit **Thai-Basilikum** und **Koriander** garnieren; mit Basmatireis servieren.

Pro Portion ca. 644 kcal, 89 g KH, 11 g Eiweiss, 24 g Fett, 7 Broteinheiten

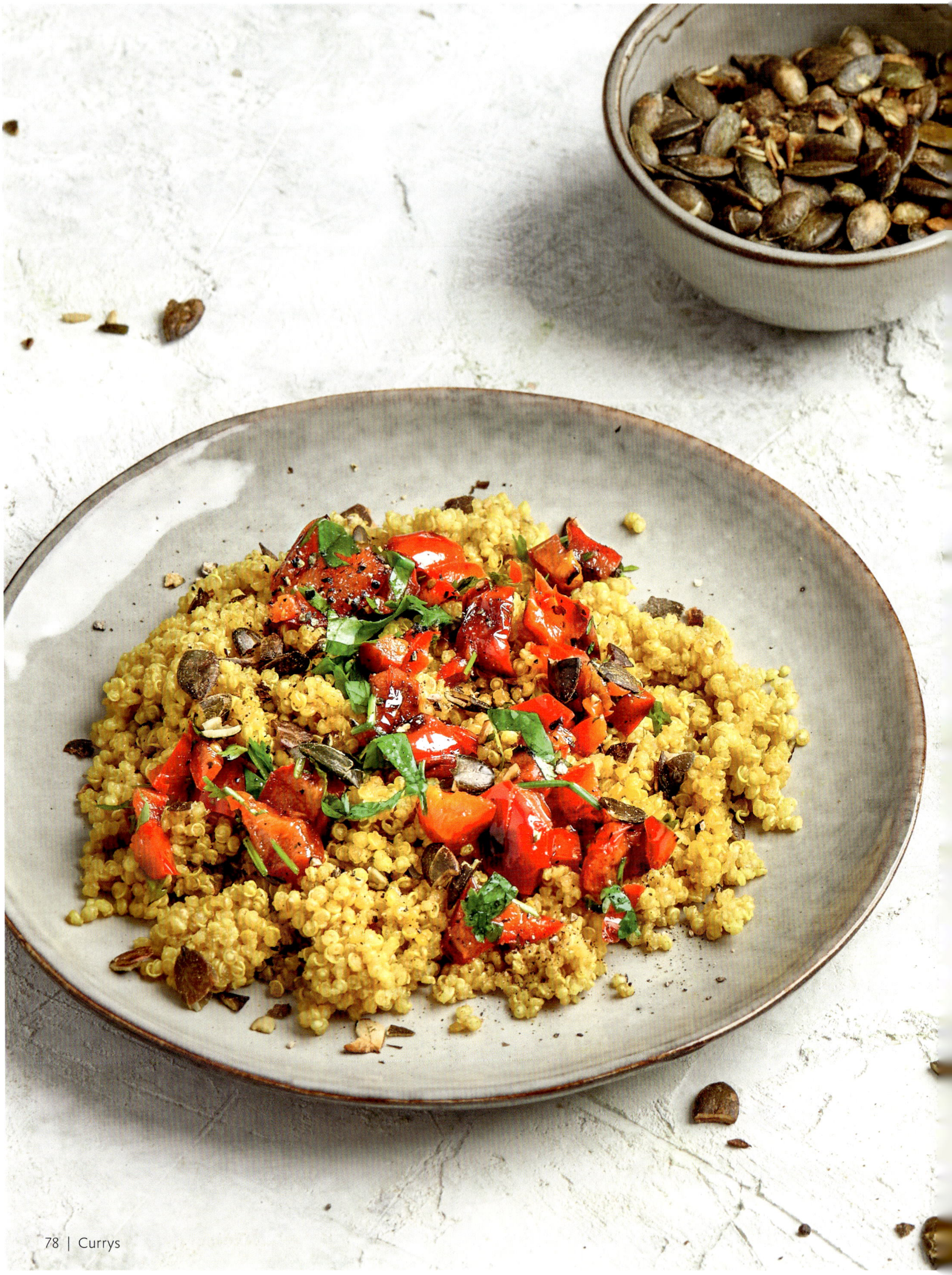

Curry-Quinoa mit Paprika

25 min.

Zutaten für 2 Portionen

	Kokosöl
200 g	Quinoa, weiss – gründlich waschen und abtropfen lassen
½ TL	Kreuzkümmelpulver
½ TL	Currypulver
½ TL	Kurkumapulver
1 Prise	Chiliflocken
300 ml	Wasser
	Kristallsalz und Pfeffer aus der Mühle
100 ml	Kokosmilch
1 EL	Tamari (Sojasauce)
1 EL	Edelhefeflocken
250 g	rote Paprika – entkernen und in 1-cm-Würfel schneiden
1 TL	Reisessig
2 EL	Kürbiskerne – fettfrei rösten
2 EL	grob gehackter Koriander

Zubereitung

1. Die Zutaten vorbereiten.

2. Einen Topf mit etwas **Kokosöl** erhitzen und die **Quinoa** 2–3 Min. braten. Dann mit je ½ **TL Kreuzkümmel**, **Curry** und **Kurkuma** sowie **1 Prise Chiliflocken** würzen, gut vermengen und 30 Sek. mitbraten. Mit **300 ml Wasser** ablöschen; **salzen**, **pfeffern** und 5 Min. köcheln lassen.

3. **100 ml Kokosmilch** einrühren, einmal aufkochen, die Hitze reduzieren und abgedeckt 7 Min. köcheln lassen. Dann den Topf vom Herd nehmen, **1 EL Tamari** und **1 EL Hefeflocken** einrühren, mit **Salz** und **Pfeffer** abschmecken und abgedeckt ziehen lassen.

4. In der Zwischenzeit eine Pfanne mit etwas **Kokosöl** hoch erhitzen und die **Paprikawürfel** unter ständigem Rühren 4–5 Min. braten, so dass sie ein schönes Röstaroma erhalten. Dann mit **1 TL Reisessig** ablöschen und mit **Salz** und **Pfeffer** würzen. Den Pfanneninhalt zur Quinoa in den Topf geben und vermengen.

5. Die Quinoa anrichten, die **gerösteten Kürbiskerne** darüber verteilen und mit **gehacktem Koriander** garniert servieren.

Pro Portion ca. 607 kcal, 76 g KH, 18 g Eiweiss, 23 g Fett, 12 Broteinheiten

Gelbes Curry mit Pak Choi

30 min.

Zutaten für 2 Portionen

- 300 g Kartoffeln, festkochend – schälen und in 1-cm-Würfel schneiden
- Kokosöl
- 10 g Ingwerwurzel – schälen und fein hacken
- 1 TL Currypulver
- 1 TL Korianderpulver
- 1 TL Kreuzkümmelpulver
- 1 Prise Cayennepfeffer
- 150 g Zucchini – vierteln und in 1-cm-Scheiben schneiden
- 200 g Pak Choi – in feine Streifen schneiden
- 100 ml Gemüsebrühe
- 200 ml Kokosmilch
- 1 EL Yaconsirup
- Kristallsalz und Pfeffer aus der Mühle
- 4 EL fein geschnittener Schnittknoblauch (alt. Schnittlauch)

Zubereitung

1. Einen Topf mit Wasser aufkochen, **salzen** und die **Kartoffelwürfel** 10 Min. kochen; über einem Sieb abgiessen und abtropfen lassen.

2. In der Zwischenzeit die Zutaten vorbereiten.

3. Eine Pfanne mit etwas **Kokosöl** erhitzen und den **gehackten Ingwer** 2 Min. dünsten. **Je 1 TL Curry, Koriander** und **Kreuzkümmel** sowie **1 Prise Cayenne** dazugeben und 30 Sek. mitdünsten.

4. Dann die **abgetropften Kartoffeln**, die **Zucchinischeiben** sowie die **Pak Choi-Streifen** dazugeben und mit **100 ml Gemüsebrühe** ablöschen. **200 ml Kokosmilch** und **1 EL Yaconsirup** einrühren; mit **Salz** und **Pfeffer** würzen und 10 Min. köcheln lassen. Dann den **Schnittknoblauch** dazugeben und abschmecken.

5. Das Curry anrichten und servieren.

Pro Portion ca. 453 kcal, 42 g KH, 9 g Eiweiss, 26 g Fett, 4 Broteinheiten

Currys | 81

Bananen-Curry mit Süsskartoffeln

25 min.

Zutaten für 2 Portionen

140 g	Wildreis-Mix
	Kokosöl
2	Bananen – in ca. 7-mm-Scheiben schneiden
200 g	Süsskartoffeln – schälen und in 1-cm-Würfel schneiden
1 EL	geriebener Ingwer
1 EL	Currypulver
300 ml	Wasser
150 ml	Kokosmilch
1 EL	Yaconsirup
1 TL	Kartoffelstärke – mit 2 EL Wasser verrühren
	Kristallsalz und Pfeffer aus der Mühle
2 EL	gehackter Koriander

Zubereitung

1. Den **Wildreis-Mix** nach Packungsangabe garen. In der Zwischenzeit die anderen Zutaten vorbereiten.

2. **Kokosöl** in einer Pfanne erhitzen und die **Bananenscheiben** beidseitig goldbraun braten; auf einem Teller beiseitestellen.

3. Die Pfanne erneut mit **Kokosöl** erhitzen und die **Süsskartoffeln** 5 Min. goldbraun braten. **1 EL Ingwer** dazugeben, mit **1 EL Curry** bestäuben und mit **300 ml Wasser** ablöschen. Einmal aufkochen, die Hitze reduzieren und ca. 5 Min. köcheln lassen.

4. Dann **150 ml Kokosmilch**, **1 EL Yaconsirup** sowie die **angerührte Kartoffelstärke** einrühren und nochmals aufkochen; vom Herd nehmen und mit **Salz** und **Pfeffer** abschmecken.

5. Das Curry anrichten, die gebratenen Bananenscheiben darauf verteilen und mit **2 EL gehacktem Koriander** bestreuen, zusammen mit dem Wildreis servieren.

Pro Portion ca. 642 kcal, 107 g KH, 15 g Eiweiss, 15 g Fett, 9 Broteinheiten

Currys | 83.

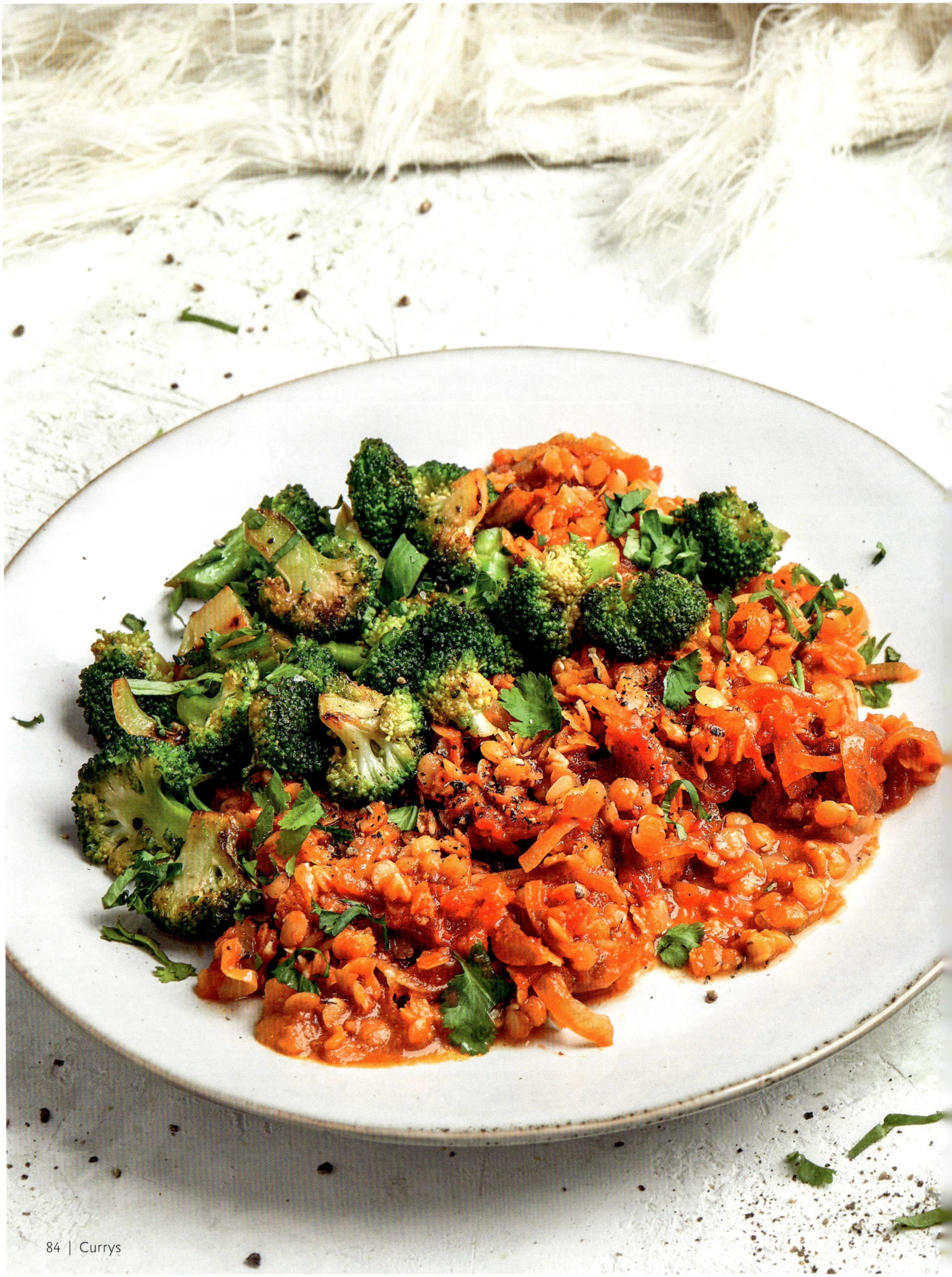

Linsen mit Brokkoli – indisch

35 min.

Zutaten für 2 Portionen

	Erdnussöl, hitzebeständig
100 g	rote Zwiebel – halbieren und in Streifen schneiden
1 TL	Kreuzkümmelpulver
1 TL	Currypulver
1 Prise	Zimtpulver
1 Prise	Cayennepfeffer
400 g	passierte Tomaten, aus dem Glas
200 ml	Gemüsebrühe
150 g	rote Linsen – über einem Sieb spülen, bis sie nicht mehr schäumen; abtropfen lassen
70 ml	Kokosmilch
2 EL	Tamari (Sojasauce)
1 EL	Yaconsirup
	Kristallsalz und Pfeffer aus der Mühle
400 g	Brokkoli – in kleine Röschen schneiden
2 EL	grob gehackter Koriander

Zubereitung

1. Die Zutaten vorbereiten.

2. Einen Topf mit etwas **Erdnussöl** erhitzen und die **Zwiebelstreifen** 2 Min. dünsten. Dann je **1 TL Kreuzkümmel** und **Curry** sowie je **1 Prise Zimt** und **Cayenne** dazugeben und 30 Sek. unter Rühren mitdünsten. Mit **400 g passierten Tomaten** ablöschen, **200 ml Gemüsebrühe** einrühren und einmal aufkochen; die Hitze reduzieren und 25 Min. leicht köcheln lassen.

3. In der Zwischenzeit die **Linsen** in einen Topf geben, mit Wasser füllen und einmal aufkochen lassen; die Hitze reduzieren und ca. 15 Min. köchelnd weichgaren. Dann über einem Sieb abgiessen und abtropfen lassen. Anschliessend in die Tomatensauce geben und **70 ml Kokosmilch** einrühren. Mit **2 EL Tamari**, **1 EL Yaconsirup** sowie mit **Salz** und **Pfeffer** abschmecken.

4. Währenddessen eine grosse Pfanne mit **Erdnussöl** erhitzen, die **Brokkoliröschen** 5-7 Min. braten, dabei mit **Salz** und **Pfeffer** würzen.

5. Die Linsen zusammen mit dem gebratenen Brokkoli anrichten und mit **gehacktem Koriander** garniert servieren.

*Pro Portion ca. 580 kcal, 72 g KH,
31 g Eiweiss, 15 g Fett, 6 Broteinheiten*

Hülsenfrüchte

Schnell zubereitet, lange sättigend

Hülsenfrüchte bieten sich wie kaum ein anderes Lebensmittel für die schnelle und gesunde Küche an, denn Kidneybohnen, weisse Bohnen oder Kichererbsen gibt es bereits verzehrfertig und sehr bekömmlich aus dem Glas. Das Kochen und vorherige Einweichen über Nacht fallen somit schon einmal weg. Gleichzeitig sind Hülsenfrüchte gute Proteinquellen, enthalten reichlich Mineralien und Spurenelemente und sättigen nachhaltig.

Wenn es daher schnell gehen muss, gibt es kaum etwas Besseres als einen herzhaften Eintopf aus Hülsenfrüchten und Gemüse und – wer mag – mit Räuchertofu oder einem Veggie-Würstchen.

Chili sin carne

30 min.

Zutaten für 2 Portionen

	Olivenöl, hitzebeständig
60 g	Zwiebeln – fein würfeln
1	Knoblauchzehe – fein hacken
2 EL	Tomatenmark
240 g	Kidneybohnen, aus Glas (netto) – über einem Sieb spülen und abtropfen lassen
230 g	Bio-Mais, aus dem Glas (netto) – über einem Sieb spülen und abtropfen lassen
150 g	Stangensellerie – schälen und in 1-cm-Würfel schneiden
500 ml	Gemüsebrühe
2 EL	Apfelessig, naturtrüb
1 TL	Chiliflocken
	Kristallsalz und Pfeffer aus der Mühle
1 EL	fein gehackte Petersilie

Zubereitung

1. Die Zutaten vorbereiten.

2. Einen mittelgrossen Topf mit etwas **Olivenöl** erhitzen und die **Zwiebelwürfel** zusammen mit dem **gehackten Knoblauch** 1–2 Min. dünsten. Dann **2 EL Tomatenmark** einrühren und 1 Min. mitdünsten.

3. Die **abgetropften Kidneybohnen**, den **abgetropften Mais** und die **Stangenselleriewürfel** 30 Sek. mitdünsten; mit **500 ml Gemüsebrühe** ablöschen und einmal aufkochen. Dann die Hitze reduzieren, **2 EL Apfelessig** einrühren, mit **1 TL Chiliflocken** sowie **Salz** und **Pfeffer** würzen und ca. 15 Min. leicht köcheln lassen; mit Salz und Pfeffer abschmecken.

4. Das Chili sin carne anrichten und mit **gehackter Petersilie** bestreut servieren.

Pro Portion ca. 321 kcal, 39 g KH, 12 g Eiweiss, 8 g Fett, 3 Broteinheiten

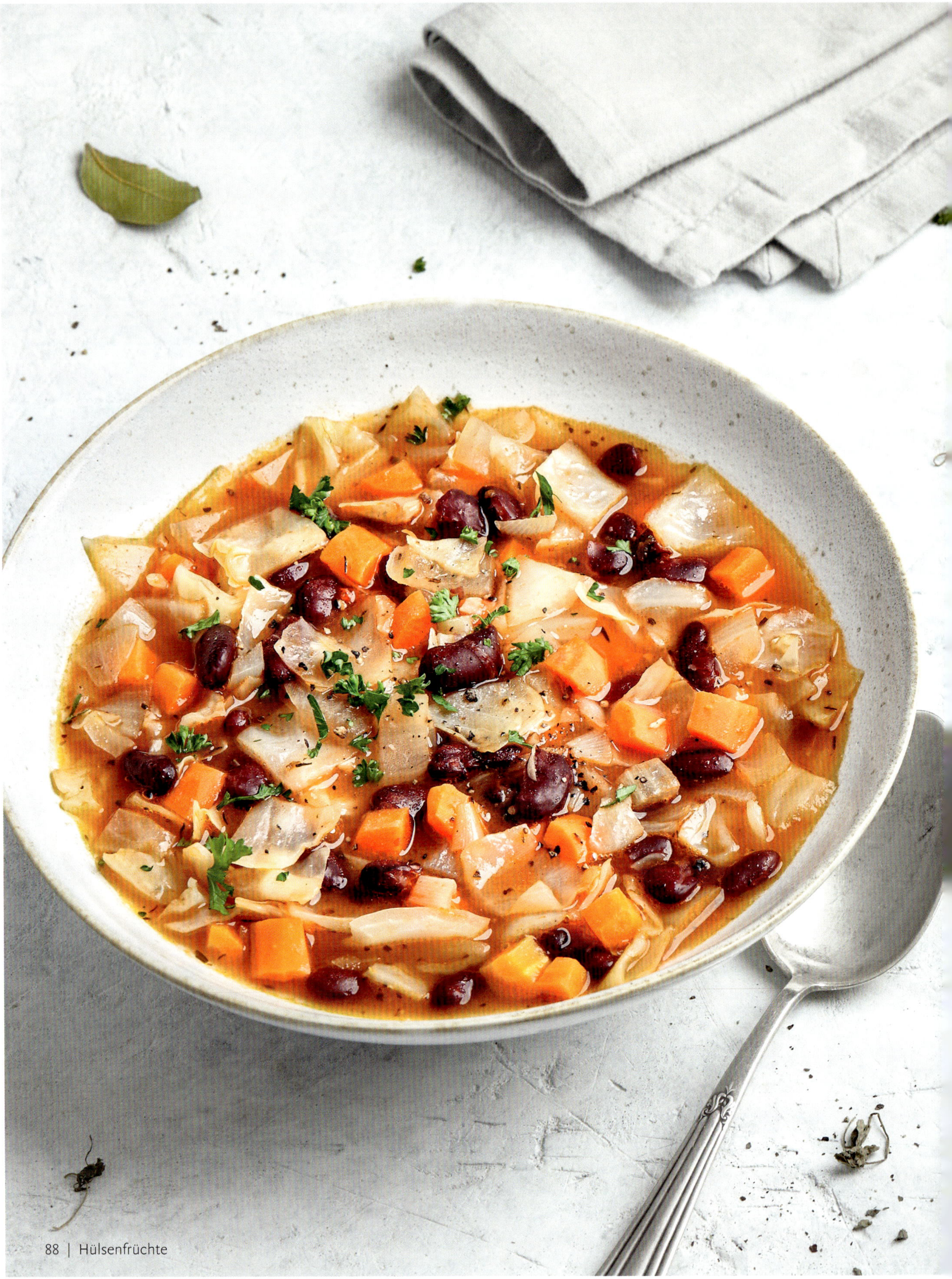

Kidneybohnen-Eintopf mit Weisskohl

35 min.

Zutaten für 2 Portionen

	Olivenöl, hitzebeständig
400 g	Weisskohl – 2-cm-Stücke schneiden
80 g	Zwiebeln – in 1-cm-Würfel schneiden
1	Knoblauchzehe – fein hacken
130 g	Karotten – schälen und in 1-cm-Würfel schneiden
1 EL	Tomatenmark
700 ml	Gemüsebrühe
½ TL	Bohnenkraut, getrocknet
1	Lorbeerblatt
2 TL	Reisessig
	Kristallsalz und Pfeffer aus der Mühle
240 g	Kidneybohnen, aus dem Glas (netto) – über einem Sieb spülen und abtropfen lassen
1 TL	Kartoffelstärke – mit 2 EL Wasser verrühren
2 EL	fein gehackte Petersilie

Zubereitung

1. Die Zutaten vorbereiten.

2. Einen Topf mit **etwas Olivenöl** auf mittlere Stufe erhitzen und die **Weisskohlstücke** 6–8 Min. braten.

3. Die **Zwiebelwürfel** und den **gehackten Knoblauch** zum **Weisskohl** in den Topf geben und 1–2 Min. mitbraten; dann die **Karottenwürfel** 1 Min. mitbraten und schliesslich **1 EL Tomatenmark** unter Rühren 1 Min. mitbraten.

4. Mit **700 ml Gemüsebrühe** ablöschen, ½ **TL Bohnenkraut**, **1 Lorbeerblatt** und **2 TL Reisessig** dazugeben, **salzen**, **pfeffern** und ca. 15 Min. auf mittlerer Stufe köcheln lassen. Dann die **abgetropften Kidneybohnen** 5 Min. mitköcheln, danach das Lorbeerblatt entfernen und mit der **angerührten Stärke** abbinden. Den Topf vom Herd nehmen, mit **Salz** und **Pfeffer** abschmecken.

5. Den Kidneybohnen-Eintopf anrichten und mit **gehackter Petersilie** bestreut servieren.

Pro Portion ca. 264 kcal, 35 g KH, 11 g Eiweiss, 6 g Fett, 3 Broteinheiten

Rote Linsen mit Karotten und Oliven

20 min.

Zutaten für 2 Portionen

- 200 g rote Linsen – gründlich spülen, bis sie nicht mehr schäumen
- 850 ml Wasser
- Olivenöl, hitzebeständig
- 280 g Karotten – schälen und fein würfeln
- 2 EL Tomatenmark
- 100 g schwarze Oliven – in feine Ringe schneiden
- 2 EL Kapern – hacken
- 4 EL Tamari (Sojasauce)
- 2 EL Yaconsirup
- 200 g Tomaten – den Strunk entfernen und fein würfeln
- Kristallsalz und Pfeffer aus der Mühle
- 2 EL gehackte Petersilie

Zubereitung

1. Die **Linsen** mit **850 ml gesalzenem Wasser** aufkochen und 15–20 Min. köcheln lassen. In der Zwischenzeit die anderen Zutaten vorbereiten.

2. Nach ca. 10 Min. **Olivenöl** in einer Pfanne erhitzen und die **Karottenwürfel** 3 Min. braten. Dann **2 EL Tomatenmark** einrühren, die **Olivenringe** und die **gehackten Kapern** dazugeben und verrühren.

3. Mit **4 EL Tamari** und **2 EL Yaconsirup** ablöschen, die **Tomatenwürfel** unterheben und mit **Salz** und **Pfeffer** abschmecken.

4. Den Pfanneninhalt zu den gegarten Linsen in den Topf geben, gut vermengen und nochmals abschmecken.

5. Die roten Linsen anrichten und mit **2 EL gehackter Petersilie** bestreut servieren.

Tipp: Dazu passen z. B. Gemüsepuffer oder gebratenes Gemüse.

Pro Portion ca. 665 kcal, 72 g KH, 30 g Eiweiss, 25 g Fett, 6 Broteinheiten

Kichererbsen in Erdnuss-Tomatensauce

30 min.

Zutaten für 2 Portionen

- 140 g Basmatireis – gründlich waschen
- Kokosöl
- 200 g Räuchertofu – in 5 mm dicke und 3 cm lange Scheiben schneiden
- 1 EL geriebener Ingwer
- 1 EL Erdnussmus
- 1 rote Chilischote – entkernen und in feine Ringe schneiden
- 280 g gehackte Tomaten, aus dem Glas
- 200 ml Wasser
- 220 g Kichererbsen, aus dem Glas (netto) – über einem Sieb abspülen und abtropfen lassen
- 2 EL Tamari (Sojasauce)
- 2 EL Yaconsirup
- Kristallsalz und Pfeffer aus der Mühle
- 150 g Chinakohl – in mundgerechte Streifen schneiden
- 100 ml Kokosmilch
- 2 EL gehackte Petersilie

Zubereitung

1. Den **Reis** nach Packungsangabe garen. In der Zwischenzeit die Zutaten vorbereiten.

2. Eine Pfanne mit etwas **Kokosöl** erhitzen und die **Tofuscheiben** von beiden Seiten 2-3 Min. goldbraun braten; auf einem Teller beiseitestellen.

3. Die Pfanne erneut mit etwas **Kokosöl** erhitzen und **1 EL geriebenen Ingwer** mit **1 EL Erdnussmus** 2 Min. dünsten. Dann die **Chiliringe** sowie **280 g Tomaten** dazugeben und 3 Min. mitdünsten.

4. Mit **200 ml Wasser** ablöschen und die **abgetropften Kichererbsen** dazugeben. **2 EL Tamari** und **2 EL Yaconsirup** einrühren, **salzen**, **pfeffern** und 5 Min. köcheln lassen. Dann den **Chinakohl** dazugeben, **100 ml Kokosmilch** einrühren und 3 Min. weiterkochen lassen.

5. Die Pfanne vom Herd nehmen, die gebratenen Tofuscheiben unterheben, kurz darin erwärmen und abschmecken.

6. Den Pfanneninhalt anrichten, mit **2 EL gehackter Petersilie** bestreuen und zusammen mit dem Reis servieren.

Pro Portion ca. 779 kcal, 88 g KH, 34 g Eiweiss, 30 g Fett, 7 Broteinheiten

Suppen

Schneller gekocht als gegessen

Suppen gelten meist als leichte Vorspeise. Mit Kokosmilch oder Sahne angereichert, einem knusprigen Nuss-Topping und einem Vollkornbrot serviert, wird aus einer Suppe jedoch eine reichhaltige Mahlzeit, die lange satt hält und dennoch in fast schon Sekundenschnelle dampfend auf dem Tische steht.

Wenn Sie für Ihre Suppe Tiefkühlgemüse wählen, dann sparen Sie viel Zeit fürs Waschen, Putzen und Schneiden. Viele Gemüse gibt es inzwischen auch schon im Kühlregal fertig vorbereitet und in mundgerechte Stücke geschnitten, z. B. Blumenkohl, Brokkoli oder auch Kürbis, so dass eine Suppe wirklich in nur wenigen Minuten zubereitet ist.

Blumenkohlcremesuppe

30 min.

Zutaten für 2 Portionen

	Olivenöl, hitzebeständig
300 g	Blumenkohl – grob hacken; davon 50 g grob reiben und zur Seite legen
400 ml	Gemüsebrühe
100 ml	Mandelsahne
10 g	Bio-Cornflakes – grob mahlen
	Kristallsalz und Pfeffer aus der Mühle
1 EL	fein gehackte Petersilie
1 Msp.	Muskatnusspulver
1 Msp.	Nelkenpulver

Pro Portion ca. 186 kcal, 12 g KH, 6 g Eiweiss, 12 g Fett, 1 Broteinheiten

Zubereitung

1. Die Zutaten vorbereiten.

2. Einen Topf mit **Olivenöl** erhitzen und den **gehackten Blumenkohl** 5–7 Min. dünsten. Mit **400 ml Gemüsebrühe** ablöschen und aufkochen. Dann die Hitze reduzieren, **100 ml Mandelsahne** einrühren und 15 Min. köcheln lassen.

3. In der Zwischenzeit für das Topping eine kleine Pfanne mit wenig **Olivenöl** erhitzen und den **geriebenen Blumenkohl** 5–7 Min. scharf anbraten. Die **gemahlenen Cornflakes** dazugeben und kurz mitbraten. Anschliessend in eine kleine Schüssel füllen, **salzen** und **pfeffern**; etwas abkühlen lassen und die gehackte Petersilie unterheben.

4. Die Blumenkohlsuppe in einem Standmixer fein pürieren. Dann zurück in den Topf geben; mit je **1 Msp. Muskatnuss-** und **Nelkenpulver** sowie mit **Salz** und **Pfeffer** würzig abschmecken und erneut einmal aufkochen.

5. Die Blumenkohlcremesuppe anrichten und mit dem Topping bestreut servieren.

Suppen

Cremige Kürbissuppe

30 min.

Zutaten für 4 Portionen

	Olivenöl, hitzebeständig
900 g	Butternuss Kürbis – schälen und in 2-cm-Würfel schneiden
100 g	Zwiebeln – halbieren und in Streifen schneiden
300 ml	Gemüsebrühe
200 ml	Sojasahne
1 EL	Reisessig
2 Msp.	Muskatnusspulver
	Kristallsalz und Pfeffer aus der Mühle
30 g	Kürbiskerne – grob hacken und fettfrei rösten
1 EL	gehackte Petersilie
1 EL	steirisches Kürbiskernöl

Zubereitung

1. Die Zutaten vorbereiten.

2. Einen Topf mit **Olivenöl** erhitzen und die **Kürbiswürfel** ca. 10 Min. dünsten. Dann die **Zwiebelstreifen** dazugeben und 2 Min. mitdünsten. Mit **300 ml Gemüsebrühe** ablöschen, **salzen** und **pfeffern**. **200 ml Sojasahne** einrühren, einmal aufkochen, die Hitze reduzieren und 10 Min. köcheln lassen.

3. Die Suppe in einem Standmixer fein pürieren, zurück in den Topf geben und erwärmen. Dabei **1 EL Reisessig** und **2 Msp. Muskatnusspulver** einrühren und mit **Salz** und **Pfeffer** abschmecken.

4. Die Kürbissuppe anrichten, mit den **gerösteten Kürbiskernen** sowie der **gehackten Petersilie** bestreuen und mit **1 EL Kürbiskernöl** beträufelt servieren.

*Pro Portion ca. 549 kcal, 72 g KH,
15 g Eiweiss, 21 g Fett, Broteinheiten 6*

Erbsensuppe mit Kokos und Minze

20 min.

Zutaten für 4 Portionen

400 ml	Gemüsebrühe
100 ml	Kokosmilch
100 g	Zwiebeln – grob würfeln
400 g	Erbsen, TK – auftauen; davon 50 g zur Seite legen
3-4	Minzeblätter
1 TL	Yaconsirup
1 EL	Reisessig
1 Prise	Chiliflocken
	Kristallsalz und Pfeffer aus der Mühle
	einige Minzeblätter zur Deko
2 EL	Kokosflakes

Pro Portion ca. 338 kcal, 31 g KH, 15 g Eiweiss, 14 g Fett, 3 Broteinheiten

Zubereitung

1. Die Zutaten vorbereiten.

2. Einen Topf mit **400 ml Gemüsebrühe** aufkochen, dann **100 ml Kokosmilch** einrühren, die **Zwiebelwürfel** dazu geben und 15 Min. köcheln lassen.

3. Danach in einen Standmixer füllen, **350 g Erbsen** sowie **3-4 Minzeblätter** dazugeben und fein pürieren. Die Suppe zurück in den Topf geben, einmal aufkochen lassen und vom Herd nehmen. Schliesslich **1 TL Yaconsirup**, **1 EL Reisessig** sowie **1 Prise Chiliflocken** einrühren und mit **Salz** und **Pfeffer** abschmecken.

4. Die Erbsensuppe anrichten, mit den **beiseitegelegten Erbsen**, den **Minzeblättern** und **Kokosflakes** garniert servieren.

Suppen | 95

Bohnensuppe mit Zucchini und getrockneten Tomaten

25 min.

Zutaten für 2 Portionen

	Olivenöl, hitzebeständig
160 g	Zucchini – vierteln und in 3-mm-Scheiben schneiden
100 g	Zwiebeln – halbieren und in feine Streifen schneiden
1	Knoblauchzehe – fein hacken
30 g	getrocknete, eingelegte Tomaten – in feine Streifen schneiden
1 TL	fein gehackter Thymian
300 ml	Hafermilch
2 Msp.	Kreuzkümmelpulver
	Kristallsalz und Pfeffer aus der Mühle
240 g	weisse Bohnen, aus dem Glas (netto) – über einem Sieb spülen und abtropfen lassen
10 g	Dinkel-Paniermehl
10 g	Cashewkerne – fein hacken und fettfrei rösten
1 TL	Bio-Maisstärke – mit 1 TL Wasser verrühren

Zubereitung

1. Die Zutaten vorbereiten.

2. Einen Topf mit **Olivenöl** erhitzen und die **Zucchinischeiben** mit den **Zwiebelstreifen** 2 Min. dünsten. Dann die **Tomatenstreifen**, den **gehackten Knoblauch** sowie den **gehackten Thymian** dazugeben und 1 Min. mitdünsten. Mit **300 ml Hafermilch** ablöschen; mit **2 Msp. Kreuzkümmel**, **Salz** und **Pfeffer** würzen. Dann einmal aufkochen, die Hitze reduzieren, die **weissen Bohnen** dazugeben und 10 Min. köcheln lassen.

3. In der Zwischenzeit für das Topping **10 g Paniermehl** mit den **gerösteten Cashewkernen** in einer kleinen Schüssel vermengen.

4. Den Eintopf mit der **angerührten Maisstärke** abbinden, vom Herd nehmen und mit **Salz** und **Pfeffer** abschmecken.

5. Den Bohneneintopf anrichten und mit dem Topping bestreut servieren.

Pro Portion ca. 478 kcal, 71 g KH, 16 g Eiweiss, 11 g Fett, 6 Broteinheiten

Suppen | 97

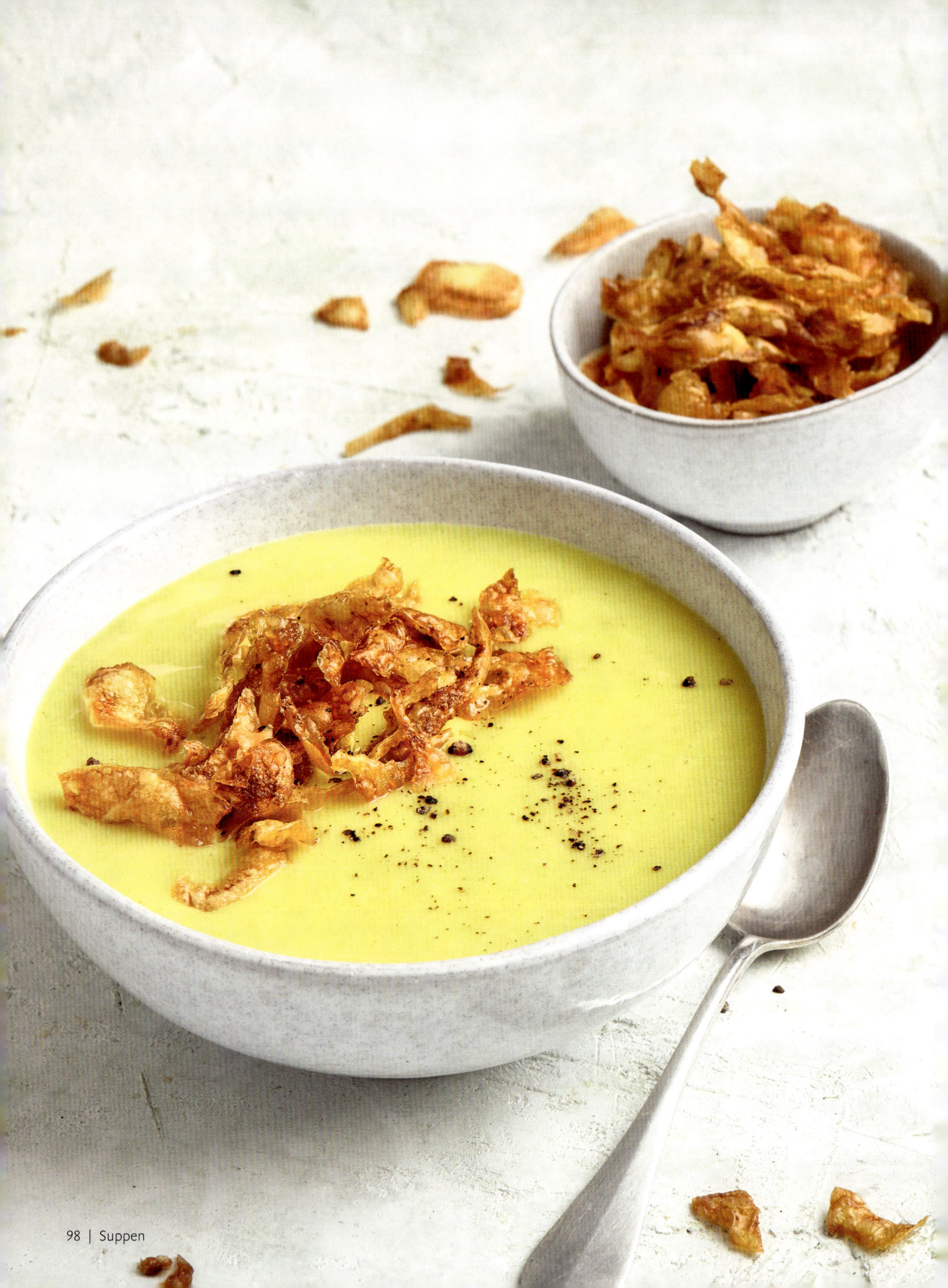

Kartoffelsuppe mit Crunch

25 min.

Zutaten für 2 Portionen

	Olivenöl, hitzebeständig
150 g	Lauch – in 2-cm-Ringe schneiden und waschen
70 g	Zwiebeln – fein würfeln
380 g	Kartoffeln, mehligkochend – schälen (die Schale aufbewahren!) und in 1-cm-Würfel schneiden
700 ml	Gemüsebrühe
100 ml	Sojasahne
2 EL	Reisessig
1 EL	Tamari (Sojasauce)
2 Msp.	Muskatnusspulver
	Kristallsalz und Pfeffer aus der Mühle

Zubereitung

1. Die Zutaten vorbereiten.

2. Einen Topf mit etwas **Olivenöl** erhitzen und die **Lauchringe** mit den **Zwiebelwürfeln** 2 Min. dünsten. Dann die **Kartoffelwürfel** dazugeben, mit **700 ml Gemüsebrühe** auffüllen und einmal aufkochen; die Hitze reduzieren und 15 Min. köcheln lassen.

3. In der Zwischenzeit eine kleine Pfanne mit etwas **Olivenöl** erhitzen und die **Kartoffelschalen** knusprig ausbacken. Zum Abtropfen auf Küchenpapier legen, dann grob hacken und leicht salzen.

4. Nachdem die Suppe 15 Min. geköchelt hat, in einem Standmixer fein pürieren und zurück in den Topf geben. **100 ml Sojasahne, 2 EL Reisessig, 1 EL Tamari** sowie **2 Msp. Muskatnusspulver** einrühren; **Salz** und **Pfeffer** würzig abschmecken.

5. Die Kartoffelsuppe anrichten und mit den gebackenen Kartoffelschalen garniert servieren.

Pro Portion ca. 318 kcal, 41 g KH,
8 g Eiweiss, 12 g Fett, 4 Broteinheiten

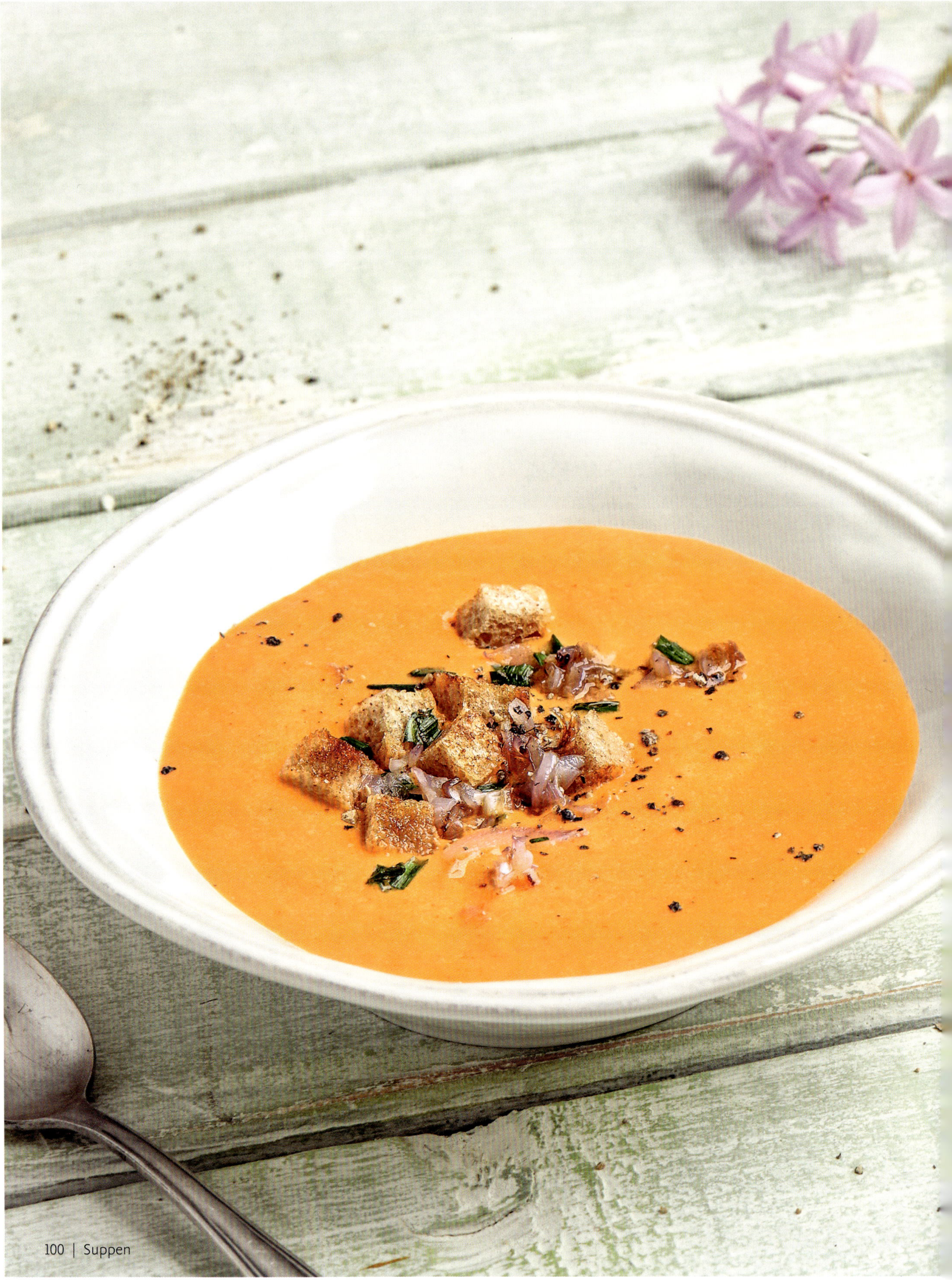

Paprika-Senf-Suppe

30 min.

Zutaten für 4 Portionen

Für die Suppe

	Olivenöl, hitzebeständig
300 g	rote Paprika – entkernen und in 3-mm-Streifen schneiden
130 g	rote Zwiebeln – halbieren und in Streifen schneiden
1	Knoblauchzehe – fein hacken
¾ EL	Senf, mild
1 TL	Paprikapulver, edelsüss
500 ml	Gemüsebrühe
100 ml	Sojasahne

Für die Croûtons

	Olivenöl, hitzebeständig
3	Scheiben Vollkorntoast – in 1-cm-Würfel schneiden
1	Knoblauchzehe – fein hacken
1 TL	fein geschnittener Schnittknoblauch (alt. Schnittlauch)
	Kristallsalz und Pfeffer aus der Mühle

Zubereitung

1. Die Zutaten vorbereiten.

2. Einen Topf mit etwas **Olivenöl** erhitzen und die **Paprika-** zusammen mit den **Zwiebelstreifen** und dem **gehackten Knoblauch** ca. 3 Min. dünsten. Dann etwa 2 EL von den Zwiebeln entnehmen und beiseitestellen. Anschliessend ¾ **EL Senf** und **1 TL Paprikapulver** einrühren und 20 Sek. mitdünsten. Mit **500 ml Gemüsebrühe** auffüllen, **100 ml Sojasahne** einrühren und 15–20 Min. leicht köcheln lassen.

3. In der Zwischenzeit eine Pfanne mit **Olivenöl** auf mittlere Temperatur erhitzen und die **Brotwürfel** rundherum ca. 5 Min. goldbraun rösten. Dann den **gehackten Knoblauch** sowie den **Schnittknoblauch** dazugeben und 30 Sek. mitbraten; in eine kleine Schüssel füllen und zur Seite stellen.

4. Die gegarte Suppe in einem Standmixer fein pürieren, zurück in den Topf füllen und einmal aufkochen lassen; mit Salz und Pfeffer würzig abschmecken.

5. Die Paprika-Senf-Suppe servieren, mit den Croûtons und den beiseitegelegten Zwiebeln getoppt geniessen.

Pro Portion ca. 304 kcal, 27 g KH, 6 g Eiweiss, 18 g Fett, 2 Broteinheiten

Cremige Gemüsesuppe

30 min.

Zutaten für 2 Portionen

	Erdnussöl, hitzebeständig
150 g	Karotten – schälen und in 8-mm-Würfel schneiden
130 g	Knollensellerie – schälen und in 8-mm-Würfel schneiden
300 g	Kartoffeln, mehligkochend – schälen und in 1-cm-Würfel schneiden
600 ml	Gemüsebrühe
1	Lorbeerblatt
1 EL	Tamari (Sojasauce)
1 Prise	Muskatnusspulver
	Kristallsalz und Pfeffer aus der Mühle
150 g	Lauch – in dünne Ringe schneiden und gründlich waschen
100 ml	Hafersahne
1 EL	Edelhefeflocken
3 EL	fein gehackte Petersilie

Zubereitung

1. Die Zutaten vorbereiten.

2. Einen Topf mit **Erdnussöl** auf mittlere Temperatur erhitzen, die **Karotten-** und die **Selleriewürfel** 3 Min. dünsten. Dann die **Kartoffelwürfel** dazugeben, mit **600 ml Gemüsebrühe** auffüllen und aufkochen lassen.

3. **1 Lorbeerblatt**, **1 EL Tamari**, **1 Prise Muskatnusspulver** sowie **Salz** und **Pfeffer** dazugeben und 10 Min. köcheln lassen. Dann die **Lauchringe** in die Suppe geben und 5–7 Min. mitköcheln.

4. Das Lorbeerblatt entfernen und **100 ml Hafersahne** einrühren. Von der Suppe eine Kelle Gemüse und zwei Kellen Flüssigkeit in einen Mixer geben, fein pürieren und zurück in den Topf geben. **1 EL Hefeflocken** einrühren und mit **Salz** und **Pfeffer** abschmecken.

5. Die Gemüsesuppe mit **gehackter Petersilie** anrichten.

Pro Portion ca. 262 kcal, 39 g KH,
7 g Eiweiss, 6 g Fett, 3 Broteinheiten

IMPRESSUM

Herausgeber und Redaktion
Copyright
Neosmart Consulting AG
Lidostrasse 6
6006 Luzern, Schweiz

www.neosmart.ch
info@neosmart.ch
+41 41 510 21 30

Handelsregisteramt: Kanton Luzern
Handelsregister-Nummer: CHE-110.353.096

Rezepte
Lucia Steiner
Ah Ben Tew
Deniz Jünger
Nikola Bihar

Foodstyling
Deniz Jünger

Fotografie
Nigel Crane

Design
Arno Affentranger

Bildnachweise
www.gettyimages.com
S.4 © OksanaKiian
S.5 © Floortje
S.6–7 © NataBene
S.8 © Manny Rodriguez
S.9 © paladin13
S.10 © Floortje
S.18 © R.Tsubin
S.32 © Diana Taliun
S.48 © urfinguss
S.62 © yodaswaj
S.74 © Poh Kim Yeoh/EyeEm
S.86 © Pannonia
S.92 © VictorH11iS

Druck
Printed in Germany
ISBN 978-3-9525022-5-9
1. Auflage

Gerichtsstand
Luzern/Schweiz

Starten Sie Ihre neue Karriere als Ernährungsberater

Mit einem flexiblen Fernstudium

Akademie der Naturheilkunde

Kostenlos Lernmodule testen

DE +49 5521 869 28 97 ▪ CH +41 41 511 83 60 ▪ AT +43 720 515 335

www.akn.c